谋生亦谋道
九型领导力

叶文静 ◎ 著

企业管理出版社
ENTERPRISE MANAGEMENT PUBLISHING HOUSE

图书在版编目（CIP）数据

谋生亦谋道　九型领导力 / 叶文静著 . — 北京：企业管理出版社，2021.10

ISBN 978-7-5164-2470-4

Ⅰ. ①谋…　Ⅱ. ①叶…　Ⅲ. ①企业领导学　Ⅳ. ①F272.91

中国版本图书馆 CIP 数据核字（2021）第 172832 号

书　　名：谋生亦谋道　九型领导力
书　　号：978-7-5164-2470-4
作　　者：叶文静
策　　划：杨慧芳
责任编辑：杨慧芳
出版发行：企业管理出版社
经　　销：新华书店
地　　址：北京市海淀区紫竹院南路 17 号　　邮编：100048
网　　址：http://www.emph.cn　　电子信箱：26814134 @qq.com
电　　话：编辑部（010）68701661　　发行部（010）68701816
印　　刷：河北宝昌佳彩印刷有限公司
版　　次：2022 年 4 月第 1 版
印　　次：2022 年 4 月第 1 次印刷
开　　本：710mm × 1000mm　1/16
印　　张：12.5 印张
字　　数：180 千字
定　　价：49.80 元

推荐序

九型人格从二十世纪九十年代末在中国大陆开始传播，到现在不过匆匆二十多年，对比起这个学问几千年来的传播，犹如一弹指间。古老的九型人格口口相传，其宗旨一直是关于心灵力量的成长，经由对自己心中执念的发现，成长自我与接纳他人。如今天借助心理学的发展与研究，普通的非专业人士也可以轻松地理解其内容而得益。

非常欣赏文静老师对这本书的定位：谋生亦谋道。把领导力与九型人格整合是一个非常有力的话题。因为在商业上的正确决策与团队发展是迈向成功的重要因素，决策的核心内驱力是“视野”与“思维”，团队发展的内驱力就是领导的领导力了。我们可以通过九型人格了解到自己视野的局限、思维的盲区，也能得知个人领导力的特点。

领导艺术的指导者，组织发展理论创始人沃伦·本尼斯有这么一个说法：“领导力就像美，它难以定义，但当你看到时，你就知道。”我们都同意领导力是重要的，各大商学院都在深入研究商业思维与管理方法的同时，却少有涉足领导力的话题，从而让这个话题捕风捉影、虚实难辨。现在，你大可把这个一探究竟的好奇与期待放在九型人格与领导力这个话题上，希望你能通过阅读这本书里对不同型号的分析与建议，扬升自我觉察，毗益生活工作。

九型人格促进会会长　梁成斌

2021 年 9 月 5 日

前言

互联网有时候放大了一个人的能力，甚至再小的个体也可以一跃成为焦点。

我很幸运，赶上了自媒体公众平台的浪潮，成为自媒体自由职业者中的一员。通过文字和声音，积累了第一批粉丝，也淘到了人生的第一桶金，出版了人生的第一本书《谋生亦谋爱》。

感谢这个时代提供了众多的可能，文化人可以通过知识来变现，就像我非常欣赏的樊登老师，无疑是当下较有价值的个人 IP。

七年前，我曾做客樊登老师的《奋斗》栏目，写下奋斗感言：我会通过一生的勤奋去证明自己。

樊登老师笑着说："这个目标你已经实现了，你应该带领更多的人去实现他们的梦想。"

当时我没有领悟到这个较高的境界，所以七年了，我还是一个人单打独斗。当下，即使通过互联网运作，我们也需要一个团队相互协作。身边的朋友也劝我站出来，带领更多的人实现他们的梦想。

创业七年，优势已经发挥得淋漓尽致，缺点也暴露无遗，职业倦怠感让我感到向上无力。唯有觉醒和成长，才能收获更好的自己，于是我走上了一条自我探索和成长的道路。

我是谁？

我从哪里来？

我即将去哪里？

我能干什么？

我适合做一个领导者吗？

我参加各种课程，去寻找心中的答案。

我学了九型人格，一度走入一个误区：了解到自己是典型的3号性格，而8号性格才是天生的领导者，我不适合，我更喜欢一个人单干。

直到听了樊登老师的《可复制的领导力》课程，我才体悟到：领导力是可以学习的。

东方文化与西方文化有很大的区别。东方讲究的是能人文化，而西方偏向于工具化。能人是很难复制的，而工具可以无限复制，比如肯德基、星巴克这些巨型连锁企业。

当我参加完课程之后，突然发现，我也是可以做一个领导者的。很多时候，是我们的认知限制了自己的发展。

心理学有个概念：认知失调，是用自我欺骗来维持自我的认知。之前我认为自己是3号性格，所以我不适合做领导者。我们忘记了学习的目的：先看见，然后改变。这才是学习的真正意义。

我有幸结识了几位老师，他们就像一束光照进我的灵魂，让我看见了希望，也让我找到了自己：学会赋能，做一个有心、有爱、有道的人。

有些人走着走着，就失去了生活的初心。也有些人随着事业发展越来越大，却没有时间和精力陪伴家人和孩子，从而留下了很多的遗憾。世人关心的是你飞得高不高，而很少有人关心你飞得开心不开心。问问自己，内心深处的渴望到底是什么？

九型人格是一个用来探索内在渴望的工具，找到自己的关注点，追求一种平衡的智慧。那就是：对生活有心，对家庭有爱，对事业有道。

谋生亦谋道。

道是什么？是你心中的那股信念，你真正关注的点。

通过九型人格，可以了解不同人格的关注点，来探索一下我们内在的渴望。

1号人格的人最渴望完美，最害怕被批评，所以他们通常高标准要求自己，同时也高标准要求别人。他们不仅追求结果，还要追求完美的过程，对细节之处喜欢较真。

2号人格的人内心最渴望被爱，最害怕被遗弃。

他们为了跟身边的人建立好的关系，通常会先付出，用自己的实际行动来表达对身边人的支持。

3号人格的人内心最渴望被尊重、被认可，最害怕失败。

他们为了让别人看得起自己，不惜牺牲更多的时间去学习、去工作。他们的想法是如果自己有了成就，别人自然就不敢看不起自己，这个世界就会尊重自己。

4号人格的人内心最渴望被理解，最害怕不真实。

他们更在乎心灵的沟通，认为人与人之间如果只是在世俗礼貌上沟通，远远不能称之为好的关系。他们更希望跟身边的人有心灵上、感受上的沟通，因为这样才算是真正良好的关系。

5号人格的人内心渴望全知，最害怕被侵犯。

他们对这个世界的事物了解得非常深入，是脑区的朋友，相对来说是屏蔽感受最彻底的一种。

他们大部分的时间用在思考上面，因为需要用理性去分析这个世界的事物是怎样发展的，真相是怎样的。

他们倾向于拒绝所有感情的波动，于是思考就成为他们的重心。

6 号人格的人内心最渴望安全，最害怕失控。

他们觉得这个世界充满了危机，所以会把大部分的精力用在预测危机上，而系统地分析事物就成为他们面对工作和生活一个非常重要的任务。

7 号人格的人内心最渴望自由，最害怕痛苦。

他们为了逃避当下的痛苦，通常把注意力放在计划未来上面，所以也会把注意力的重心放在思维上面。

8 号人格的人内心最渴望强大，最害怕脆弱。

他们天生觉得自己应该拥有很多很多的东西，包括身边人的崇拜和金钱地位等。

但是如果有不合意的时候，他们的愤怒就会来得非常快。这个时候，他们就会完全被身体的本能控制，而不是思维或其他的东西。身体的本能还包括各种欲望，比如性欲、食欲、占有欲等，这些欲望能左右 8 号人格的行为。

9 号人格的人内心渴望和谐，害怕冲突。

他们把和谐和友好放在第一位，但是有时候会因为身边环境的不和谐而产生不满，进而是内心的愤怒。但是这份愤怒往往被埋藏在内心当中，到了一定的程度就会爆发。

我们会发现各型的人格把注意力放在了不同的方面，会找到自己的关注点。而这些关注点在哪里，我们的精力就会花在哪里，这恰恰就是我们需要成长的地方。

做自己不一定有出路，

不做自己永远没有出路。

祝愿大家都能通过九型人格的探索，找到自己的道！

如果你跟我一样，对自己的生命有着强烈的探索欲望，也特别渴望提升自己，相信这本书会对你有所启发。如果你目前感到焦虑，这本书也许会帮你找到答案。因为，我曾经也如你一样，经历过人生的迷茫……

叶文静

2021 年 4 月 2 日

目录

第一章

九型人格的成长之道

九型人格的魅力

九型人格被誉为“识人的圣经”“心灵的密码”，源自性格形态学。它是一种深层次了解人的方法和学问。它按照人们不同的行为动机和关注点，把人分为九大类。

“九型人格”的英文为 enneagram，来自两个希腊词汇 ennea 和 grammas。

ennea 代表数字 9，grammas 的意思是尖角。而“九型人格”的图表正好是一个九角星，这个九角星的模式致力于揭示物质世界的发展过程（见下图）。

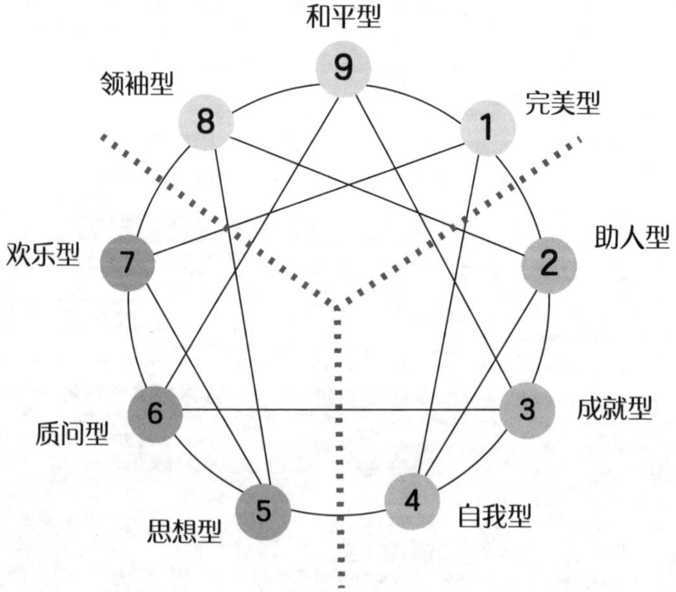

九型人格是一种归纳的学问，它来源于生活，却超然于生活。我们如果能留意，将会发现人与人之间的表现各不相同，会存在以下几种情况：

（1）面对同一个事情或一种状况，我们的想法不一样（思维模式不一样）；

（2）面对同一个事情或一种状况，我们的感受不一样（情绪反应不一样）；

（3）面对同一个事情或一种状况，我们的做法不一样（行为习惯不一样）。

九型人格，就是按照人们习惯性的思维模式、情绪反应和行为习惯等性格特质，将人的性格分为9种类型。

心区：

2号性格：助人型/给予者；

3号性格：成就型/实干者；

4号性格：自我型/悲情浪漫者。

脑区：

5号性格：理智型/观察者；

6号性格：忠诚（质疑）型/怀疑论者；

7号性格：活跃型/享乐主义者。

腹区：

1号性格：完美型/改革者；

8 号性格：领袖型 / 保护者；

9 号性格：和平型 / 调停者。

各型号的人“最害怕”什么？

1 号完美型：最怕做错。

2 号助人型：最怕自私。

3 号成就型：最怕失败。

4 号自我型：最怕平凡。

5 号理智型：最怕无知。

6 号质疑型：最怕拒绝。

7 号活跃型：最怕限制。

8 号领袖型：最怕脆弱。

9 号平和型：最怕冲突。

各型成长小语

1 号：完美型

可以有情绪，而不必觉得不自在。

相信只要尽力而为就是最好的表现。

尊重并且体谅别人。

宽容仁慈地对待自己。

放松自己，享受生活！

2 号：助人型

可以说出需要，而不必觉得不自在。

不计回报地去爱别人。

有责任去感受自己的情绪。

可以接受别人的帮助。

勇敢地做自己。

3 号：成就型

可以失败，而不必觉得不自在。

一个关心别人的好人！

很乐意为别人服务。

自身的价值来自自我的成就。

拥抱当下这一刻的感受。

4 号：自我型

可以有缺点，而不必觉得不自在。

抛开过去的阴霾！

为世界带来美好的经验。

情绪与我是谁无关。

要用所有的人生经验来帮助自己成长。

5 号：理智型

可以承认准备不足，而不必觉得不自在。

可以向别人求援！

肯定自己的创造力与幽默感。

相信对别人感同身受能够带来更多的安定感。

接受生命中的不确定性。

6 号：质疑型

可以相信自己的决定，而不必觉得不自在。

能够化危机为转机！

非常独立而且有足够的能力保护自己。

要用勇气与信心面对困境。

在内心找到力量。

7号：活跃型

可以保持安静，而不必觉得不自在。

做事一定要有始有终！

非常关心别人，而且愿意为大家带来欢笑。

能拒绝自己的欲望，而不会感到被剥夺。

发现内心的感性。

8号：领袖型

可以软弱哭泣，而不必觉得不自在。

尽力为大家谋福利！

相信人外有人，强中自有强中手。

愿意与大家分享爱与荣耀。

激励别人去追求他们的梦想。

9号：和平型

可以独自一人，而不必觉得不自在。

以自己和自己的能力为傲！

主动获取生命中的所有经验。

对未来的一切非常期待。

是一个坚强、自信、独立的人。

九型人格的历史起源

九型人格之源，距今已有 4500 多年的历史，现今是性格心理学的组成部分。我们学习九型人格，先要了解九型人格的历史。

公元前 2500 年，在古巴比伦地区出现了九型人格学的雏形，依据就是我们看到的九芒星图的印记。

最原始雏形的九型人格是源于古代苏默族的一位英雄（约公元前 2500 年），名叫吉列马殊（Gilgamash），他为了寻求永恒之道的奥秘而漂泊天涯，终于从一位美索不达米亚（Mesopotamia）的智慧之士那里得到自我不断更新的宇宙奥秘，然后吸纳入巴比伦文化之中。直至 2500 年前，才由拜火教（祆教）先知琐罗亚斯德（Zoroaster）、古代希腊哲学家及数学家毕达哥拉斯（Pythagoras）及其他巴比伦哲士发扬光大。

到了公元 3 世纪至 4 世纪，基督教神秘主义的沙漠之父传统，曾运用类似九型人格的特质来刻画人性，倡导离恶归正的概念。

直至 14 世纪后，苏菲派教徒广泛地用于发现及培训领袖，甚至把九型人格活用于天体的运行及人类意识的发展过程中，极大地提高了九型人格的实用性和理论性。对苏菲派来说，九型人格是不外传的，他们以口耳相传的方式，由教派中的灵性导师一代一代地传授给两位优秀弟子，但实际上只准许其中一人传给下一代，另一个人只是作为指导者，是意外身亡时的备用人选而已。他们用以帮助弟子们更彻底地了解及转化自己，以学习排除心中的障碍，自然地接受天地间的真理为生活的中心。

1920 年，一位前往印度的名叫葛吉夫（G.I.Gurdjieff，1866—1949 年）的人把九型人格传入西方。他认为一个人是无法明辨自己的性格的，因为它是隐藏在人格背后的基础。他曾经简单地提到人类的主要特质，每个人拥有其中一种，作为他们“错误人格”的组织原则。由于他在旅行中接触了苏菲派的九型人格，然后他花费很大的功夫进行九型人格的研究，并准备将这一理论带回祖国。但此时他的故乡正处于俄国革命，于是他改道前往法国，在巴黎设立中心，全职教导他的弟子成长。1950 年，一位玻利维亚精神病学家奥斯卡・依察诺（Oscar Ichazo）则将九型人格带回南美洲玻利维亚和智利，后来他的弟子克劳黛・那兰多（Claudio Naranjo）将九型人格加以补充，带到美国加州。20 世纪 80 年代末期，由于海伦・帕尔默在加州名校斯坦福大学教授九型人格，另外曾多次举办讲座，九型人格慢慢地便开始成为被更多人了解的学说。另外，曾是耶稣会教士的神学生唐・理查・里索也不断地研习及出版有关九型人格的书籍，令九型人格更加受到学术界支持。

1991 年，斯坦福大学召开国际研究会，聚集全世界大约 4000 位研究者和学习者，进行九型人格的交流及验证活动。1996 年在芝加哥的罗尤拉大学，1997 年在华盛顿的陶森大学，也分别聚集 800 位九型人格的指导者，他们提出各种数据支持，使九型人格成为更可信性的理论。

三个智慧中心

什么是智慧？智慧就是能够让你做出正确决策的思想，比如商业智慧、情感智慧、人际关系智慧等。

九型人格，就是按照人们习惯性的思维模式、情绪反应和行为习惯等性格特质，将人的性格分为三个智慧中心，即本能智慧、思维智慧、感受智慧。

先来说说本能智慧。

先了解一下人类几百万年以来的进化，并且看着我们的同伴——就是这个世界上其他的生物，人类自立为地球的主人，以至于很多时候几乎忘记了我们跟所有的生物的共通之处，那就是本能。对生存的渴望，是所有生物都有的，来源于我们的身体，我们把它称为生物的本能。

本能是天生就会的，不需要学习，吃喝拉撒就是一种本能，本能智慧是最古老的一种智慧。海豹在离它800米的地方有危险，它都能感受得到。唐山大地震之前，各种动物开始大迁移，老鼠都从洞里跑出来，飞虫鸟类疯狂聚集，水中的鱼儿都上浮翻白。

我们每个人都有自己的本能智慧，就好像我们常常说的“我对某件事情有预感，但我不晓得我是怎么知道的”一样，所以很多时候我们就称它们为碰巧的事情。这就像有的动物能预知有危险将要发生一样，但是它们确实是能这样的。只不过一部分的现代人把注意力更多地放在头脑思维里，所以渐渐地忽略了身体的本能。

那么，植物有没有本能智慧？也是有的。含羞草，你动一下它，它就会有反应。绿色植物的光合作用，通过吸收光能，把二氧化碳和水合成富能有机物，同时释放氧气，它们通过这种能量转换来维持平衡。

人乃万物之灵，之所以能够主宰大自然，是因为人有思维智慧，我们有了思维，可以创造和沟通。我们会制造工具，我们会发明电灯。当苹果从树上掉下来的时候，又有什么其他的生物会通过研究“为什么苹果要往下掉而不往上飞”这个问题而发现地心引力呢？

人会通过思维控制本能的欲望。比如：我想减肥，当我看到美食的时候，虽然本能很想吃，但是思维会告诉自己不能吃。比如：起床，闹钟告诉我要起床了，可是身体很困很想再睡一会儿，最终思维战胜了本能。我们的大脑会记忆、会分析，有自己的逻辑思考能力。因为思维智慧，我们有了文字，有了文明和科技。

最年轻的智慧就是感受智慧。当我们想到友情、亲情、爱情的画面，就能立刻让人想起很多的感受。

没错，就是这份感受。我们互相依赖、互相学习、互相感受……闭上眼睛试想，当你第一次遇到心爱的人的时候那份美妙的感觉，当你跟好友知己共勉的感觉……

这些情感可以说是让我们明白了成为一个人的乐趣。这就是我们的情感智慧中心。

这三个智慧中心组成一个系统，互相合作，但是相对来说又是独立运作的。这三种智慧，其实我们每个人都有，只是比例分配不一样。三个智慧中心的人各自把注意力放在不同的方面，但每个中心的人各自拥有共同的一些特质。可无论如何三个独立的智慧中心在我们每个人的身上形成了一个系统，互相照顾、互相依赖……

你的注意力放在哪里，收获的智慧就在哪里。很多时候，成就越大的就越不平衡，就像拳王泰森，他的本能智慧一定是非常强大的，但他的思维智慧就比较弱；而霍金是非常受人尊重的科学家，即使他坐在轮椅上，也丝毫不影响他强大的思维智慧，但是他连最基本的生活都不能自理，本能智慧非常弱，他的人生也充满了遗憾；伟大的数学家陈景润年轻的时候醉心于研究哥德巴赫猜想，将近 40 岁都没有娶妻生子，组织给他安排相亲，女孩子来了他都要躲起来，他的感受智慧似乎不高。

平衡与成就往往是冲突的，关键是你想要过什么样的人生。这个答案只有自己能解。

九种类型的性格特征

上篇提到的九型就是按照人们习惯性的思维模式、情绪反应和行为习惯等性格特质，将人的性格分为三个智慧中心、九种类型。

这一篇，我们先简单了解一下九种类型的性格特征，在后面我还会针对每一种型号做详细的分析和深层的探索。

1 号性格：Perfectionist 完美型 /Reformer 改革者

★ 简单介绍：经常批判自己和别人的错误，看事物常常觉得不够完美。1 号性格的人喜欢循规蹈矩原则性强，有时甚至吹毛求疵。但是，他们勇于承担责任，想改变一切不够完美的事情。

★ 其他称谓：完美主义者、改革者、原则主义者、是非主义者、批判者、监督者、爱秩序者、纯粹主义者。

★ 行为动机：做事力图追求完美，有原则，有标准，常有自我批判并会有要求他人按照自己的标准去做事情的倾向；理性正直，会时常压抑自己性格中不理性的一面，怒而不宣。

★ 潜在恐惧：怕自己的良心遭到谴责。

★ 潜在渴望：事事力求完美。

2 号性格：Helper 助人型 / Giver 给予者

★ 简单介绍：直觉地看到别人的需要，却很少表达自己的需要。2 号性格的人渴望被爱，他们会处处帮助别人，在别人的赞赏中，找到被爱的感觉。他们的占有欲亦很强，不自觉地喜欢控制别人。

★ 其他称谓：给予者、帮助者、奉献者、爱心大使、助人者。

★ 行为动机：渴望被爱、被人认同。他们善解人意，有同情心。

★ 潜在恐惧：害怕孤独和不被喜爱。

★ 潜在渴望：被关怀、被爱护。

3 号性格：Achiever 成就型 / Motivator 实干者

★ 简单介绍：3 号性格的人渴望成功，喜欢竞争，善于触摸别人的心思。他们有时想把自己变成对方想要的形象，但又会因为太在意别人的看法，很多候时会迷失自我。

★ 其他称谓：实干家、促动者、实践型、成就型、表现者、激励者。

★ 行为动机：渴望事业有成，重视自我形象，希望被人肯定，他们善于掌握每个机会，务求达到成功。

★ 潜在恐惧：怕自己被否定，怕自己的能力未被赏识。

★ 潜在渴望：自己的能力受他人赏识和认同。

4 号性格：Individualist 自我型 / Tragic Romantic 悲情浪漫者

★ 简单介绍：4 号性格的人渴望与众不同，他们多愁善感，经常会沉浸在某种事情中不能自拔。他们对爱情充满幻想和浪漫。

★ 其他称谓：悲情的浪漫主义者、艺术家、个人主义者、时髦主义者。

★ 行为动机：他们渴望自己的内心感受能被他人认同，喜欢我行我素，不媚俗，感情丰富，思想浪漫有创意，拥有敏锐的触觉和审美眼光。

★ 潜在恐惧：害怕生命中仍有不足之处，情感世界仍有缺陷。

★ 潜在渴望：能更深入地自我了解，看透人生。

5 号性格：Thinker 思想型 / Observer 观察者

★ 简单介绍：善于分析，喜爱寻根究底，强调思想重于行为。5 号性格的人看这个世界是充满奥秘的，他们喜欢远离人群，观察和解构事物，不怕孤独，比较理智。

★ 其他称谓：观察者、理智型、专家、私密主义者、资料收集者等。

★ 行为动机：渴望比别人知道得多，喜欢运用自己的智能和理论去驾驭他人。他们冷静、机智、分析力强、好学不倦，善于有理性、有逻辑地去处理问题。

★ 潜在恐惧：怕被人取代和驾驭，怕对身边的事物感到无知和束手无策。

★ 潜在渴望：洞悉天下事。

6 号性格：Questioner 质问型 / Team player 忠诚者

★ 简单介绍：6 号性格的人易忧心和敏感，危机意识很强，忠诚度高。

★ 其他称谓：忠诚型、疑惑型、警觉型、危机主义者。

★ 行为动机：恐惧型（6A）：渴望受到保护和关怀，为人忠心耿耿，但多疑过虑，怕生事端，怕人虚伪，怕事与愿违。反恐惧型（6B）：为证明自己不怕而做出相反行为，有先发制人、后发受制于人的行为心态，疑心较重。

★ 潜在恐惧：怕被遗弃和受到孤立，对人和事缺乏安全感。

★ 潜在渴望：希望感到安定和受保护。

7 号性格：Cheerer 欢乐型 / Eathusiast 娱乐者

★ 简单介绍：7 号性格的人追求的是快乐，他们喜欢新鲜和创意，遇到痛苦会尽量逃避。

★ 其他称谓：杂家、自恋者、想象家、乐观主义者。

★ 行为动机：他们活泼开朗、精力充沛、兴趣广泛，贪玩，有较强的欲望，倾向逃避烦恼、痛苦和焦虑。

★ 潜在恐惧：怕自己的空间和时间被占用，怕受人制约。

★ 潜在渴望：自由自在，无拘无束。

8 号性格：Leader 领袖者 / Boss 老板型

★ 简单介绍：有强势外表，有意无意给人压迫感，内心脆弱，其表现却不为人知。8 号性格的人，渴望成为强者，带领和保护身边的人，他们爱恨分明，坦白直接，讨厌别人软弱。

★ 其他称谓：领导者、保护者、挑战者。

★ 行为动机：他们渴望在社会和人群中有所作为，他们有正义感，自强不息，爱出风头，喜欢替人做主，发号施令，但怕被人发现自己脆弱的一面。他们不屈服于人，不喜欢被人嘲笑。

★ 潜在恐惧：怕被人支配和指挥。

★ 潜在渴望：自己当家作主。

9 号性格：Peaceful 平和型 / The Peacemaker 和平者

★ 简单介绍：会自动融入别人的喜悦中，若与他人发生冲突，会感到很痛苦。9 号性格的人是和平主义者，他们比较优柔寡断，懂得欣赏和包容他人。

★ 其他称谓：和事佬、宿命论者。

★ 行为动机：渴望人人能和平共处，怕得罪别人。他们不争名逐利、性格温顺，往往给人一种没有个性、慢条斯理和满不在乎的错觉。

★ 潜在恐惧：怕与人群疏离。

★ 潜在渴望：能与人和平共处，并被人接纳他的存在。

根据以上九种型号的行为动机和内在渴望，我们也能从中发现一些规律。

其中 2 号性格——助人型 / 给予者，3 号性格——成就型 / 实干者，4 号性格——自我型 / 悲情浪漫者，这三种类型的性格，明显内在感受会比较强烈，他们属于心驱者，走的是感受智慧中心。

5 号性格——理智型 / 观察者，6 号性格——忠诚（质疑）型 / 怀疑论，7 号性格——活跃型 / 享乐主义者，这三种类型性格的人明显用脑比较多，属于脑驱者，走的是思维智慧中心。

1 号性格——完美型 / 改革者，8 号性格——领袖型 / 保护者，9 号性格——和平型 / 调停者，这三种类型的性格，看起来完全不一样，但是内在的本能欲望很相似，他们属于腹驱者，走的是本能智慧中心。

了解三个智慧中心和九种类型的性格特征，我们对每一个型号都有了初步的印象，但有些读者会觉得好像从每个型号都能找到自己的影子，那么，我到底是几号性格？学九型的意义是什么？

只有角度，没有真相

相传 2500 多年前，一众先哲们做过这样一个心理探索的活动，他们发现每个人来到这个世间，需求是不一样的。有些人觉得钱是最重要的，只有钱才能证明自己的价值；而有些人视名利如粪土，觉得爱情是最重要的，在茫茫人海中寻找灵魂伴侣，得之我幸，不得我命；但也有些人认为，自由才是最重要的，生命诚可贵，爱情价更高。若为自由故，两者皆可抛。

在生活当中，有很多这样的情况：

3号的丈夫喜欢做事业，追求名和利，觉得只有成功，才能给家庭保驾护航，可是4号的太太要的是风花雪月，追求的是浪漫小资的生活，不喜欢追名逐利。这两对夫妻彼此相爱，却也彼此消耗，慢慢地变成了一个向左，一个向右。

婚姻从来不会伤害我们，伤害我们的是对婚姻的期待。

因为有所期待，所以容易失望。

他们有错吗？他们都没有错，他们只是没有站在对方的角度去看待这个世界。

所以，只有角度，没有真相。

我们来看看每个型号的特质——

1号特质：

（1）凡事追求完美；

（2）他们认为他们知道什么是对；

（3）对自己和对他人都有很高的标准和期望；

（4）看事情非对即错；

（5）有很多应该和应做；

（6）他们很难降低标准；

（7）有组织、有规律；

（8）每一件东西都在固定的位置；

（9）凡事都有改进的地方，要不停改革；

（10）自己相信及遵守规则；

（11）非常诚实及正直；

（12）负责任、有能力、可靠；

（13）自律甚严；

（14）为他们的正义而战。

2号特质：

（1）希望别人需要他；

（2）要别人爱他；

（3）容易赞美人；

（4）友谊先行；

（5）很多朋友；

（6）明白理解别人；

（7）懂得为别人着想，明白别人的需要；

（8）用心聆听；

（9）明白别人的感受；

（10）做事凭感觉。

3号特质：

（1）喜欢与人比较、与人比赛，凡事都要有结果、成就；

（2）工作方面积极进取，想尽办法达到工作成果；

（3）喜欢头衔及认同；

（4）注重成功形象；

（5）善于激励他人；

（6）爱打扮，希望给人留下好印象；

（7）善于组织工作及分配人手；

（8）出色的沟通者；

（9）中意工作；

（10）为自己的成就感到骄傲；

（11）社交能力强，个人有魅力；

（12）全身心投入，是行动派；

（13）参与者，不是旁观者；

（14）容易作决定，定目标。

4 号特质：

（1）觉得自己与众不同；

（2）独特；

（3）爱打扮，做事有自己的风格；

（4）有创意，艺术气质；

（5）想象力丰富；

（6）留意细微及美善的事物；

（7）受批评时反应激烈；

（8）占有欲强；

（9）不容易接受改变；

（10）时常感觉别人不理解他；

（11）钻牛角尖；

（12）能明白别人的感受。

5 号特质：

（1）独立；

（2）凡事靠自己，不假外求；

（3）珍惜个人空间；

（4）感情抽离；

（5）在社交场合格格不入；

（6）观察多于参与；

（7）要知道事物的全面；

（8）是多方面的专家；

（9）充满好奇心；

（10）活在自己的理想世界；

（11）不愿意投入；

（12）喜欢收集资料和知识。

6 号特质：

（1）非常忠心、忠实，有责任感；

（2）尽忠，重职守；

（3）不大喜欢变动、改变；

（4）时常仰望权威，难下判断；

（5）非常小心，做事比常人更谨慎；

（6）习惯担心事情会出错；

（7）喜欢在大机构工作；

（8）喜欢有清晰的规定和指示；

（9）努力工作；

（10）他们是可靠的人、可依赖的人；

（11）会自己相信有价值，行动做到最好；

（12）是忠心的朋友；

（13）购物时倾向于老牌子，尤其青睐经过科技鉴定过的。

7 号特质:

（1）不停追求（好玩、享乐）;

（2）喜欢尝试新鲜事物、新冒险;

（3）常识丰富，万事通;

（4）乐天派;

（5）怕沉闷;

（6）把不开心的事情推后;

（7）不愿意去承诺，希望有很多选择;

（8）喜欢做中心人物;

（9）喜欢社交;

（10）有很多朋友;

（11）为未来享乐活动，有很多计划;

（12）永远向前，永不停步去玩。

8 号特质:

（1）充满自信;

（2）喜欢控制局面;

（3）喜欢发号施令，多过听令于人;

（4）如环境可以，要做带头那个;

（5）做决定时凭直觉行动;

（6）看见什么就直说出来;

（7）为他们相信而战;

（8）逼迫自己太甚;

（9）说话直接;

（10）尊重别人，有力量;

（11）面对困境，从容不迫；

（12）最强有力的谈判者。

9号特质：

（1）比较喜欢悠闲的生活，毫无紧迫感；

（2）他们温柔而平和；

（3）比较开心，为人随和；

（4）避免与人起冲突；

（5）在人际关系中追求和谐；

（6）工作时，有自己的节奏；

（7）对很多事物感兴趣；

（8）容易接受不同行为和习惯；

（9）言行不带批评性；

（10）比较善于迎合他人；

（11）善于逃避压力；

（12）很好的聆听者；

（13）无论什么事情发生，他们都可以接受而不发脾气。

每个型号都是与众不同的，带着自己独特的视角来看待这个世界，你以为看到的是真相，其实不过是冰山一角。

《后真相时代》中引用了理查德·伯顿（Richard Burton）《哈吉·阿卜杜·埃尔-叶兹迪的卡西达》中的一句话：真相是散落成无数碎片的镜子，每个人都认为自己看到的一小片是完整的真相。

《盲人摸象》的寓言说的也是这个道理。

记住：只有角度，没有真相！

读懂九型人格，提升领导力

九型人格现今为性格心理学中的一个学科。学习九型人格是通过了解自己和他人的核心价值观和行为模式，理解彼此的性格特征，于己可明晰进步的方向，于人可以做到更好地接纳，从而获得更好的连接和更大的能量。

在14世纪至15世纪，九型人格是用于管理族群的工具，由族长口口相传。如今九型人格作为商学院MBA一门管理学的课程，是人力资源的必修课程，什么样的人放在什么样的工作岗位，选拔合适的人才比培养人才更重要。

学习九型人格的作用有以下几个方面。

1. 增强自我觉察的能力

我是谁，我有哪些天赋优势与性格劣势，都会在九型人格里找到答案。

2. 增强识人辨人的能力

辨识他人的性格特点，知晓他人性格的优劣，量才录用。

3. 增强人际沟通的能力，改善人际关系

根据不同的人的性格采取不同的相处之道。

4. 打造高绩效团队

针对不同类型的员工运用不同的管理策略与激励方法，知人善用、因势利导。

5. 构建和谐的亲密关系

改善夫妻关系，读懂爱的语言；发现孩子的天赋优势，因“型”施教。

6. 成长与蜕变

每个类型的人都可以通过学习九型人格找到通向自由、幸福和成功的道路与方法。

领导力的核心是建立信任与尊重。如何做到？沟通是第一位的。

古话说：先谋后事者昌，先事后谋者亡。谋就是沟通。

沟通的最高境界就是：说对方想听的话，然后让对方听你的。但是每个类型人的内心独白和沟通逻辑是不一样的。

1号："我认为黑就是黑，白就是白，没有什么中间地带，一切应该按规定来。"

"我不明白那些人为什么总是偷工减料，总是不按照制度办事，真应该教育，最好惩罚一下。"

"我是个很有责任感的人，我觉得我自己做事我最放心。"

"当我发现别人的错失，或擅自'出位'，不依规则的时候，如迟到、缺席，我便难以压抑愤怒，很想指责。"

"王子犯法与庶民同罪，领导怎么了？人人平等，一切按照规矩来，不能例外。"

"我比别人更容易发现错误和缺点，别人常认为我吹毛求疵。"

"我很少去表扬别人，更多的是批评，特别对亲近的人，因为我觉得批评他们是为他们好。"

2号："如果想得到别人的爱，就要首先付出爱，我对别人好，别人才会喜欢我。"

"当我需要别人帮助的时候，我不愿主动求助，而希望别人看出来。"

"我帮助别人并没有很强的目的性，就是本能地想帮助，但常常被误解为有什么企图。"

“有时候我显得过分热心，导致别人觉得多管闲事，有点烦我。”

“我常觉得我很不容易，总是在帮助别人，像我这样的人在这个物欲横流的世界里已经很少了。”

“如果别人不需要我，或我帮不上什么忙，我会很痛苦。”

3号：“我很怕成为别人眼中的失败者，所以我要努力维持事事成功的形象。”

“我总是争强好胜，我喜欢事事争第一。”

“我可以清楚地意识到面前的目标，也很快找到哪些人对我有帮助。”

“我很喜欢别人夸奖我，尤其我最满足的是鲜花和掌声及不断赞美的言辞。”

“我做事很有效率，可以很好地安排自己的时间和空间，并且目标感特别强，不容易分散。”

“如果我看到谁比我强，我就会暗下决心把他当作竞争对手，然后超过他。”

“如果没有目标，无所事事，我会觉得自己活着没意义。”

4号：“我总是觉得别人不懂我丰富的内心世界，也显得有点冷漠。”

“为什么要和别人一样呢？我不喜欢随波逐流，喜欢与众不同的感觉。”

“我喜欢看那些触动心灵深处的唯美文字，也喜欢侦探推理小说那些峰回路转的情节，迷恋那份激荡身心之感。”

“我这个人是双面的，我的情绪就像过山车，一半是天使，一半是魔鬼，想懂我很难的。”

“我的神经末梢比别人要多，对文字、音乐、景象较敏感，一些别人觉得寻常不过的事情，我都会被它吸引，久久不能释怀。”

“他们总是谈什么好吃的、好玩的；我喜欢艺术、哲学、心理学等。”

“我这个人很真诚，奉承、迎合别人我会感觉很别扭，人际关系不活络，似乎不太适应社会。”

5 号：“有时候我常想，所有人包括自己、朋友和家人都不过是生物学、心理学课本上所描述的‘人’而已，其实并没什么不同啊！”

“我觉得那些情绪化、以偏概全的结论，不经深思熟虑就说出来的话，是有点不负责任的！”

“接触太多人会让我筋疲力尽。每天我都要有固定的时间安静地思考一些问题。我承认自己很需要个人专属的空间。”

“我喜欢经过大脑思考分析后的东西，不喜欢被过滤后的知识，比如看书，更喜欢原版而不是注释版。”

6 号：“我的确属于多疑的人。别人对我好，我会在心里反复思量，猜想他究竟出于什么动机。”

“我习惯于提防别人，喜欢与别人保持距离，这会让我觉得安全一点。”

“就算伴侣已反反复复地向我表示忠诚，我还是会不时考验他一下。我不是不相信他，只是想更进一步证实罢了。”

“我会预先设想最糟的结果，在头脑中经历一遍，就好像它真的发生过一样。到真正结果出现时，因为经过排演，我便更有勇气去面对。”

“我常担心小概率的灾害，例如地震，并为之做一些在别人看来多余的防范。”

7 号：“每件事对我来说都有新奇好玩的地方，我想，我的最大目标是去仔细体验每样好的东西：好吃的食物、好听的音乐……”

“同一件事、同一个人不可能长期吸引我，我生怕被束缚，就算到了迫不得已的地步亦无法下定决心。我不喜欢尽义务的感觉，那样我的自由就会被剥夺了。”

“每个人都有选择快乐的权利，不太愿意受一些社会道德的约束。”

“我承认我是极为敏锐的，我学什么都很快，以致我对什么都很容易生厌。”

“我不喜欢在有束缚的组织中工作，如果可以的话，我宁愿自己创业，因为我总有宏大的梦想，并且向往自由。”

8号：“如果有问题出现，我不能忍受不说，也不能忍受别人不说。正视问题是人生最基本的责任，那些有事就溜走的人最让我看不起！”

“我对弱者很同情，有想保护的欲望，我很崇拜劫富济贫、打抱不平的英雄！有时候我看到不公平的情况，也喜欢帮助别人出头！”

“如果我没有做错事，领导不问情由地处罚我，我不会不吭声，还要反抗到底，誓要讨回公道！”

“我是一个很独立、意志坚强的人，有时候尽管真的撑不住了，也不想求援，担心别人会认为我软弱。”

“我很有担当，会把事情摆平。”

“我才不怕挑战！讲理，够义气才重要！”

9号：“放假时我喜欢在家里，看电视，听音乐，就算一整天不外出，我也不觉得无聊啊！”

“何必呢？别太较真，大事化小，小事化了。”

“怎么还有那么多事要做，我真想去睡觉。”

“如果能有一个惬意舒服的空间，那该有多好。”

“人为什么一天到晚争名夺利，其实争到又能怎么样？我宁愿享受自然就是美，这种境界安全多了。”

“每个人的意见都会不同，那没关系，反正我以大家的意见为准。”

学习九型人格，你会发现，你有多了解自己，就有多了解别人。

所谓知己知彼，百战不殆！

管理者的本质是激发他人的善意和潜能，培养他人的成长，发挥每一个人的长处，把他放在合适的位置，发挥他的价值。

读懂九型人格，提升幸福力

全球幸福学之父，哈佛大学客座教授，心理学家泰勒·本－沙哈尔，在《幸福的方法》一书中提到四种人生模式：

（1）享受主义者，先享受，不计后果；

（2）忙碌奔波型，以为目的即是幸福，从而忽略了生活的点点滴滴；

（3）虚无主义者，既不努力，更无目标，得过且过；

（4）感悟幸福型，为好的未来而努力，边努力边感受此刻。

我属于第二种模式，生活好像是为了达成一个又一个目标。德国哲学家叔本华说，生命是一团欲望，欲望不满足就会痛苦，满足了就会无聊。人生，就像钟摆，在痛苦和无聊之间不停摇摆。虽然衣食无忧，但是找不到内心的快乐，离幸福似乎越来越远。

我想去探索自己的内在，了解自己的长处和盲区。在学完九型人格这门课程之后，我非常震撼，原来我对身边的人有这么多的误解。比如我是典型的 3 号性格，做什么事都讲究效率和速度，追求结果。而我家先生是 6 号性格，做什么都很细致、很慢。有次我让他帮我设计一张海报，我说 3 天时间给我，结果过了 7 天还没给我。我就急着催他，他就很不耐烦，老说我催他。他还说：我设计一张海报，原创要花很长时间，对外报价都是上万的，我给你免费做，你还老催我。我说：我又不要什么原创的设计，只是发圈通知而已，模版套就可以了，没必要原创。他说他是做原创设计的，不会去模版套。哎，你说我郁闷吧？他也很委屈。我们有错吗？站在自己的角度看，谁都没错。于是，我明白了：很多事情，没有真相，只有角度。

3号性格属于感受智慧中心，感觉来了就去做，就怕错过。

6号性格属于思维智慧中心，先怀疑，再观望，宁可错过，也不要犯错。

我朋友夸我：你这老公找得太好了，跟你互补，一个急，一个慢。

相爱的时候，怎么看都是互补。

在一起过日子，有矛盾，怎么看都觉得性格不合。

是性格的问题吗？

爱商专家说：你以为他爱上了你，其实他爱的是你的状态。

人不会变，为什么爱会变呢？是因为状态变了。

现在离婚率比较高，离婚的主要理由是性格不合。

谈恋爱时，难道了解的不是性格吗？早干吗去了。

在恋爱的时候，我们恨不得，把性格最好的一面展现给对方，一旦走进婚姻，性格最真实的一面就暴露无遗，有些人会怪自己当初瞎眼了。

性格没有好坏对错，唯有读懂对方，才能更好地经营亲密关系，从某种意义来说，读懂九型人格，领导力等于幸福力。表达爱，也需要用智慧的语言。

不丹，被称为全球幸福指数高的一个国家，有人问不丹前总理吉美·廷礼：如果不丹有部分人先富起来了，幸福指数会不会降低？

不丹前总理吉美·廷礼说，获得幸福的方式有两种。

一种是以自我为中心，向外寻求，从刺激反应中满足自身。通过五感（视觉、听觉、味觉、嗅觉、触觉）获得幸福的来源，这种满足是外在刺激得来的，不仅短暂，而且危险。另一种是透过内省获得平衡，透过对心灵本质的了解，由内而外产生的满足感和幸福感。这种幸福感不依赖于任何物质。不丹的幸福来自后者，所以不会受经济发展的影响。

因为懂得，所以随顺。

什么叫随顺？简单的解释就是能够带着一颗慈悲心，用更好的智慧去理解自己跟他人处境的能力。

人生模式比商业模式更重要，人生管理比事业管理更重要。

下面让我们来了解一下与每一个类型的沟通技巧。

与 1 号完美型的沟通技巧

你必须以理性、合乎逻辑，并且端正的态度与 1 号人沟通，才能获得他们的认同。

接着你可以适时地表现一些幽默感，并且凡事试着朝正面想。当他们不知为何生气，或是显得很焦虑时，我们不必太在意，不必追究他们的态度由来，不必与之冲突，因为他们的怒气大多不是冲着你来的。它可能只是把无名火，也可能是针对其他跟你完全没相关的事。

说话要真诚、直截了当，因为他们十分敏感，加上判断力较强，对于别人玩弄伎俩、背后动机，了然在心。如果你拐弯抹角只会令他们不屑与厌恶！

与 2 号助人型的沟通技巧

对于他们的付出，一定要表现出感激之意。

2 号人最讨厌别人拒绝他们的好意，所以如果你想拒绝他们，就必须很清楚地把你的理由、感觉告诉他们，让他们知道真的不需要去帮你什么，因为这才是你最需要的，也是对你最好的“帮助”。

2号人总是将关注点放在别人身上，所以你不妨鼓励他们多谈谈自己，并告诉他们你想知道他们的事，多了解他们一些。

当你想为他们做某件事时，告诉他们这么做会让你觉得快乐，他们便会接受你的付出。

当他们只顾着为别人忙碌，或是显得情绪化、心神不宁时，不妨问问他们正在想什么，心情如何，以及此刻有什么需要。

与3号成就型的沟通技巧

3号人很难接受别人的批评，如果你希望他们改变作风或是思考其他方案，最有效的方法便是：告诉他们这样做可能会有助于他们获得更好的结果。

如果你喜欢他们，不妨尽量地配合他们，因为当你与他们站在同一战线时，他们也乐于保护你，与你分享他们的成就。

如果你有被他们利用或操纵的感觉时，不妨让他们知道你的感受。因为他们有时真的会忽略别人的感受，特别是当他们无心伤害到你时。

过度批评只会让他们为了讨好你、顺应你。所以要真正改变他们，应该是去爱他们，设法让他们去探索自己真正的感觉。

与4号浪漫型的沟通技巧

对4号人而言最重要的是，与他们沟通一定要重视他们的感觉。

另一方面也要让他们知道你的感觉、想法。

积极地配合他们，令他们感觉到你是关心他们的，愿意支持他们。

如果他们沉浸在某种情绪中难以自拔时，问问他们当下的感受。让他们有机会抒发情绪，是帮助他们走出情绪的最好方法。

不要老是以理性来要求他们、评断他们，听听他们的直觉，因为那可能会开启你不同的视野。

称赞他们，特别是当他们能发挥自己的特质而有所贡献时，因为他们是极容易有负面情绪，容易否定自我的人。

与 5 号理智型的沟通技巧

5 号人在面对人群表达自己时往往有困难，所以不要在这方面给他们太大的压力。要表现出亲切的善意，以减轻他们的紧张和焦虑。

要亲切，但不要表现出依赖或过于有压力的亲密，因为他们喜欢与人保持一定的距离，要尊重他们的界线。

要求他们做决定时，请尽量留给他们独处的时间和空间。

当你请求他们做某件事时，请记住你表达态度应该是一种请求而非要求。

作为 5 号人的伴侣，要增加对他们的信任，减轻其焦虑最好的方法是身体的接触（例如按摩），这对他们而言是胜于语言的沟通。

与 6 号疑惑型的沟通技巧

6 号人是多疑的，所以很难相信你对他们的赞美。唯有经常倾听，并愿意支持他们、和他们站在一起，才是取得他们信任最好的方法。

保持你的一致性，不要言行不一、变来变去，这样自然会让他们对你产生信任。

不要讥笑或批评他们的多疑，这会使他们更加缺乏自信。

说话必须真诚、清楚、明白，因为他们很会猜测你的“言外之意”，而做不必要的联想。

身为6号人的伴侣，请务必让其知道你每天的行动，6号人不是要控制你、干涉你，只是必须知道这些才能让他们觉得安心。

与7号快乐型的沟通技巧

以一种轻松愉快的方式和7号人交谈，是建立彼此好感的第一步，因为他们不喜欢过于严肃、拘谨、无趣的人。

倾听他们的梦想和计划，不必马上指出其中不切实际的地方，可以把它当成是一种分享想法、分享喜悦的方式。

如果你要指出他们计划中的一些问题点，请不要用一种高姿态的批评或指示，改用一种建议、提供参考的口吻，他们会比较容易接受。

当你提出不同的见解、方案时，他们当下可能会有点反感，但请记住，他们是善于思考的，给他们重新思考的时间，他们自然会判断是否接纳你的想法，或是找时间跟你进一步讨论。

如果你是他们的好朋友，看到他们逃避问题时，不妨提醒他们，找时间静下来面对问题，把问题想清楚。

与8号领袖型的沟通技巧

说话尽量说重点，8号人才不会不耐烦，并愿意听你继续陈述。

你认为你们彼此起了争执冲突，他却可能觉得这是很过瘾、很有效的沟通模式。

所以你要记着，冲突对你们而言是进一步沟通的开始，而非结束。万一你觉得“争吵”太过厉害，感觉不舒服时，不妨直接告诉他你的感受。

他们可以接受直接的批评，但不要取笑或讥讽他们，这会使他们产生敌意，做出攻击的行为。

玩弄权谋、操纵他们、说谎，都是他们讨厌的行为，记住跟他们沟通的最好方式是：直接、说重点。

与 9 号和平型的沟通技巧

与 9 号人交谈，尽量倾听他们，并鼓励他们说出自己的想法。

要适时地赞美他们、认同他们，因为他们常常不知道自己的优点、自己的重要性。

当他们赞成或是执行某件事时，事实上有可能只是为了迎合别人，所以你不妨问问他们的想法，听听他们会怎样说。

如果你想真正地了解他们的想法，不应过于急切、压迫，否则他们会给你一个“你想听到的”答案，所以还是给他们一点空间和时间来回答吧。

发现了吗？九个类型，对同一件事，其思维模式、应对模式、处理模式完全不一样，人跟人的认知千差万别。

我们渴望爱，渴望幸福，爱是一种能力，幸福是一种感觉，只有读懂对方，用对方式，才能收获幸福。

第二章

九型人格的探索之道

引言

这一章，我们开始深入探索九型人格的底层逻辑。看似同样的行为，其背后的动机却千差万别。比如 2 号喜欢助人，他（她）的内在动机是渴望被爱，他（她）认为，只有付出爱才能得到爱。而 3 号喜欢助人，他（她）的内在动机是渴望被认可，认为助人是一件有非常有成就感的事情，对社会有益。8 号助人的动机也很简单，只因你是他（她）的人，认为只要是自己的人，8 号就责无旁贷要护着。

如何正确地探索自己的型号，只看其行为是不够的，那只是冰山一角，我们要深入探索冰山的底层，了解每一个型号的底层逻辑。

冰山理论是指一个人的自我就像一座冰山一样，我们能看到的只是表面很少的一部分——行为，而更大一部分的内在世界却藏在更深层次，不为人所见，恰如冰山。冰山是一个隐喻，包括行为、应对方式、感受、观点、期待、渴望与自我七个层次。

根据每个型号的人的内心渴望，我们进入九型人格的探索之旅。

世界太残酷，性格相同命运不同

在学习的过程中，很多人会问我这样一个问题：叶老师，同样是 3 号性格，为什么我和你差距这么大呢？

我也曾经问老师一个问题：同样是 8 号性格，有的成为女企业家，而有的却是农村妇女呢?

条条大路通罗马，而有人就出生在罗马，我们无法改变出身，我们能改变的只有心态。

一个人的经历可以沧桑，心态却不能沧桑!

下面让我们来了解一下各个类型的健康层次，每个类型都有九个层次，看自己在哪个层次。

❖ 1 号性格（完美型）

➢ 健康层次

第一层次：睿智的现实主义者

第二层次：理性的人

第三层次：讲求原则的导师

➢ 一般层次

第四层次：理想主义的改革者

第五层次：讲求秩序的人

第六层次：好评判的完美主义者

➢ 不健康层次

第七层次：偏狭的愤世嫉俗者（强迫症障碍）

第八层次：强迫性的伪君子（严重强迫症）

第九层次：残酷的报复者

❖ 2 号性格（助人型）

➢ 健康层次

第一层次：不求回报的利他主义者

第二层次：关怀者

第三层次：扶持性的助人者

➢ 一般层次

第四层次：热情洋溢的朋友

第五层次：占有性的“密友”

第六层次：自负的“圣徒”（心理问题开始出现，躯体化人格障碍、表演型人格障碍）

➢ 不健康层次

第七层次：自我欺骗的操纵者（臆想症）

第八层次：高压性的支配者

第九层次：身心疾病的受害者（转换障碍，歇斯底里的神经官能症）

❖ 3 号性格（成就型）

➢ 健康层次

第一层次：真诚的人

第二层次：自信的人

第三层次：典范

➢ 一般层次

第四层次：有好胜心的成就者

第五层次：以貌取人的实用主义者

第六层次：自我推销的自恋者

➢ 不健康层次

第七层次：投机分子

第八层次：恶意的欺骗者

第九层次：怀有报复心

❖ 4 号性格（自我型）

➢ 健康层次

第一层次：灵性的创造者

第二层次：自省

第三层次：自我表露的个性

➢ 一般层次（对应一些轻度的心理问题）

第四层次：富有想象力的唯美主义者

第五层次：自我陶醉的浪漫主义者

第六层次：自我放纵的“例外”（这个层次有点像 7 号，容易诱发自恋型人格障碍）

➢ 不健康层次

第七层次：自我疏离的忧郁症患者

第八层次：饱受情感折磨的人

第九层次：自我毁灭的人

❖ 5 号性格（理智型）

➢ 健康层次

第一层次：幻想家

第二层次：感知性的观察者

第三层次：专注的创新者

➢ 一般层次

第四层次：专家

第五层次：理论家

第六层次：愤世嫉俗者

➢ 不健康层次

第七层次：孤独的虚无主义者

第八层次：可怕的“外星人”

第九层次：精神分裂症

❖ 6 号性格（质疑型）

➢ 健康层次

第一层次：英雄

第二层次：朋友

第三层次：伙伴

➢ 一般层次

第四层次：忠诚者

第五层次：悲观主义者

第六层次：独裁的反叛者

➢ 不健康层次

第七层次：依赖者

第八层次：偏执型人格

第九层次：边缘型人格

❖ 7 号性格（活跃型）

➢ 健康层次

第一层次：鉴赏家

第二层次：乐天派

第三层次：爱好广泛

➢ 一般层次

第四层次：经验丰富的鉴赏家

第五层次：外倾的人

第六层次：享乐主义者

➢ 不健康层次

第七层次：轻躁狂发作

第八层次：躁狂发作、双向情感障碍

第九层次：惊慌失措的歇斯底里患者

❖ 8 号性格（领袖型）

➢ 健康层次

第一层次：宽容大度的人

第二层次：自信的人

第三层次：建设性的挑战者

➢ 一般层次

第四层次：冒险家

第五层次：执掌实权的掮客

第六层次：强硬的对手

➢ 不健康层次

第七层次：亡命之徒

第八层次：自大狂

第九层次：破坏者

❖ 9 号性格（和平型）

➢ 健康层次

第一层次：有自制力的楷模

第二层次：有感受力的人

第三层次：有力的和平缔造者

➢ 一般层次

第四层次：角色扮演者

第五层次：置身事外的人（心理问题开始出现，消极—攻击型人格障碍）

第六层次：依赖型人格障碍

➢ 不健康层次

第七层次：分裂型人格障碍

第八层次：分离性障碍

第九层次：自暴自弃

可以检查一下自己的健康层次，目前处于哪一级？

性格没有好坏对错之分，九种性格，其实是九种天使之道，以及九种魔鬼之道。

我们要做的就是努力达到自己的健康层次，真正爱上自己的性格。

1号性格的底层逻辑图

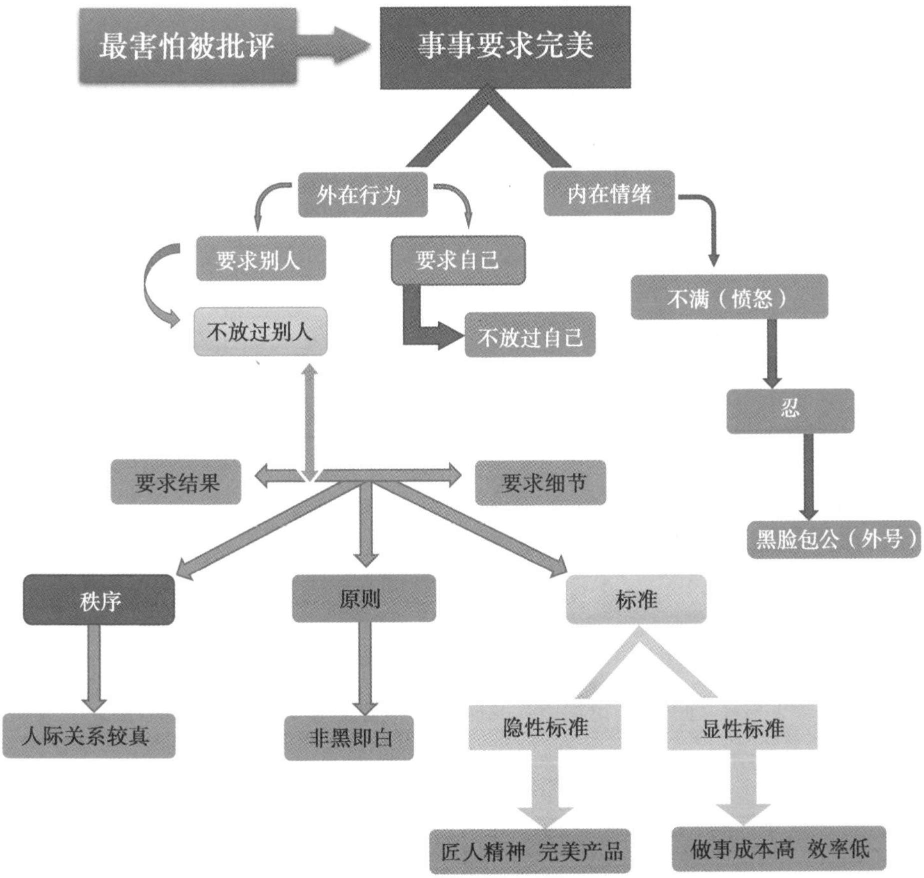
最害怕被批评
事事要求完美
外在行为
内在情绪
要求别人
要求自己
不放过别人
不放过自己
不满（愤怒）
忍
黑脸包公（外号）
要求结果
要求细节
秩序
原则
标准
人际关系较真
非黑即白
隐性标准
显性标准
匠人精神 完美产品
做事成本高 效率低

1号性格的底层逻辑：害怕批评，追求完美

提起1号性格，我就想到了包青天，他们为正义而活，为规则而活，不畏强权。

1号性格，又称为完美主义者。他们做事认真严谨，追求细节和完美。他们认为凡事要么不做，要么做到完美。

是不是追求完美，做事认真严谨的就只是1号性格呢？不一定。3号喜欢证明自己，尤其在形象方面追求完美，4号天生情感丰富细腻，对美有种天然的感知和追求，所以这不是判断1号的主因。

他们的区别在于：3号追求结果，过程只是实现结果的一个手段。而1号，不仅看结果，还要检验过程。

4号追求完美，更多的是感受。4号走的是感受智慧中心，而1号走本能智慧中心。1号不看感受，看标准，看规则，要把事情做到尽善尽美。

深度探索一下1号的内在逻辑和外在的行为。

内心世界：害怕被批评，追求完美。

为了把事情做完美，1号性格特征的人对自己要求很高，不仅要求自己，还要求别人，既不放过自己，也不放过别人。他们一旦做错了，不仅要自我批评，还会严厉地批评别人，导致人际关系比较紧张。这样做事成本很高，效率也比较低，但他们这种匠人精神，却可以生产出完美的产品。

1号的情绪特征：不满，愤怒

1号性格特征的人很容易生气，但跟8号不同的是，8号会直接爆发出

来，而1号认为生气发怒是没素质的表现，通常会忍住，但是脸上的表情已经出卖了他，他的外号：黑脸包公。

1号做事非常认真、可靠，但是慢、较真、遇事据理力争，得理不让人，不讲情面。在他们眼里：规则，神圣不可侵犯，但是只要他们意识到是自己错了，反省比较快，会放下自己的面子。

《左手曾国藩右手胡雪岩》一书中讲，当官跟曾国藩学习，做生意学习胡雪岩。

曾国藩的自律是出了名的，他考秀才考举人，靠的是勤奋二字，下慢功夫。

他的高要求、高标准，打造了一支所向披靡的湘军团队，最终击败百万太平天国军。

1号的魅力：自律。

健康的1号，面对7号的正面，享受自律带来的自由。

不健康的1号面对4号的负面，多愁善感，患得患失。

1号的盲区：担心和焦虑

害怕犯错，有很多焦虑和担心，控制不住情绪就会爆发。

1号的成长方向：接受不完美

达尔文进化论：这个世界本来就不是完美的，在错误中进化并不断成长，适者生存，不适者淘汰。

我们要善于接纳自己的不完美，不需要把神经绷得很紧张。

2号性格的底层逻辑图

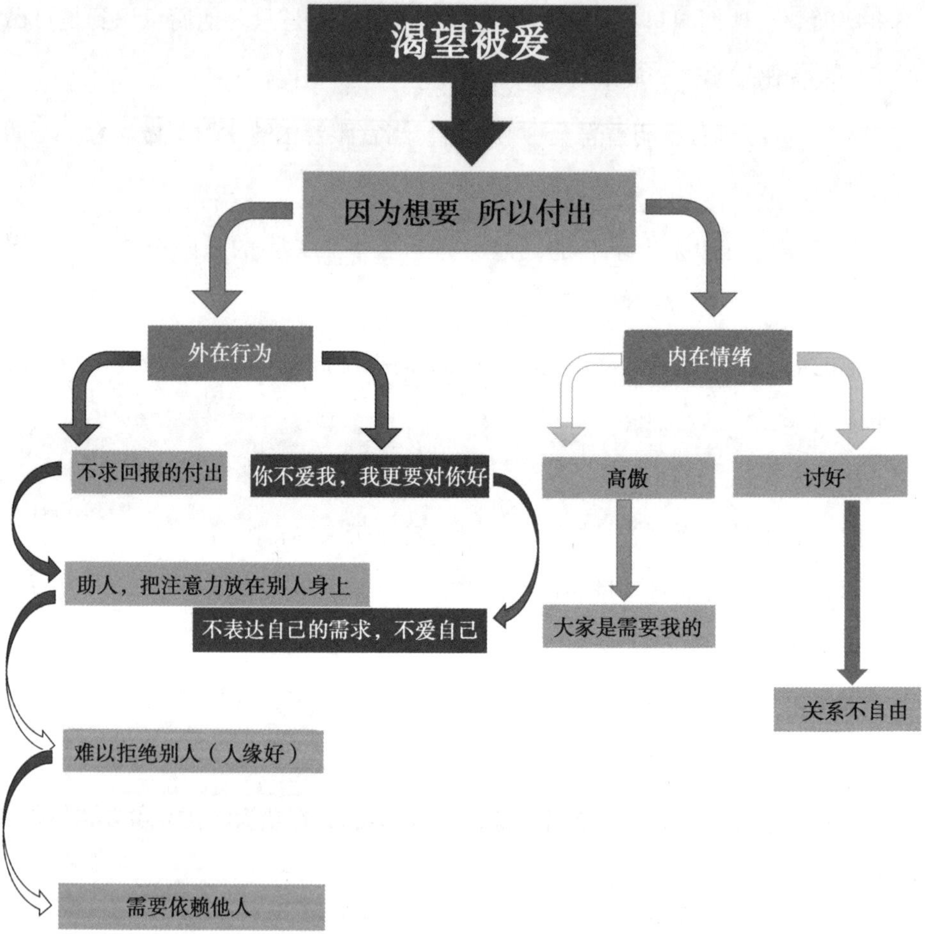
渴望被爱
因为想要 所以付出
外在行为
内在情绪
不求回报的付出
你不爱我，我更要对你好
高傲
讨好
助人，把注意力放在别人身上
不表达自己的需求，不爱自己
大家是需要我的
关系不自由
难以拒绝别人（人缘好）
需要依赖他人

2 号性格的底层逻辑：害怕遗弃，所以讨好

九型人格这门学问，现已发展为性格心理学。严格来说，它是一门探索内在成长的学问。

中国有句古话说：知人者智，自知者明。

圣贤王阳明一生格物致知，明心见性。

总之，了解别人容易，懂自己太难。

我在分享九型人格这门课程的时候，经常会收到学员的留言：

叶老师，我感觉我像 6 号性格，又像 2 号性格。

我以为我是 2 号，现在学习下来，感觉更像 3 号。所以，我不确定我的类型，比较困惑。

也会有学员直接问我，叶老师，你看我像几号性格？

说实话，你认识自己几十年了，都不能确定自己的类型，我认识你才多久，怎能武断下结论呢？这是对你的不负责任。

所以，我只能通过文字对类型做精确的表达，来帮助学员理解这个型号的内在逻辑和外在行为。

今天我们来说一说 2 号：

2 号性格，也叫付出者、给予者。那些生活中很愿意付出、帮助别人、做慈善的人，是不是都是 2 号呢？显然不是。

3 号积极热心也愿意帮助人，8 号“地盘感”很强也会帮助自己人，6 号很有责任感，对家人也肯付出，所以这不是判断 2 号的主因。

付出、给予，是人类美好的品质，我相信优秀的人都会这么做。

他们的区别在于动机是不一样的。

3 号愿意付出、帮助人，是觉得帮助人是一件很有成就感的事情，只有付出才有回报。

而 2 号的付出、给予、帮助，更像他们的一种本能，不求回报的付出，甚至没有原则底线的给予。

在 2 号的世界观里：谁弱，谁需要我，我就要帮他，表现行为可能是帮弱不帮强。

深入探索一下 2 号的内心世界。

2 号真的是不求回报无条件的帮助人吗？

其实不是的，只不过 2 号要的是情感上的回报，他们要的是特权。

这里的特权如何理解？我是唯一的、无可替代的，你没有我不行，失去我，将是你最大的损失，也是对你的惩罚。

内心最深的渴望：被人喜欢，被人爱。

2 号最渴望被爱。他们通常不会承认，如果对生命没有觉察，他们也许意识不到自己对爱、对一段关系有很深的控制欲，他们是关系的野心家。

在做访谈的过程中，有些学员跟我说：叶老师，我感觉我很像 2 号，因为我很渴望被爱。

渴望被爱不等于索爱，更不等于缺爱，有些人小时候受原生家庭的影响，在缺爱的氛围下成长，长大了对爱有很深的需求。但是，在生活中表现得不像 2 号那样付出，更不是无条件的给予。相反，而是对爱一味地索取。当然，也有一些 2 号从小在缺爱的环境下长大，成年以后，会加强这个型号的特质，会变得更加讨好别人和委屈自己，因为他们太害怕被抛弃了。

想一想，自己对爱的需求有没有受到原生家庭的影响。

2号感受力较强，只不过都用在了感知别人。他们通常富有同情心、善解人意、通情达理。

2号善于察言观色，感知到别人的需要，却很少表达自己的需求。在别人的赞赏中，他们找到被爱的感觉。久而久之，他们忽略了自己，也被对方忽略。2号由于滋长了对方的理所当然和关系的懈怠，他们容易把对方宠坏。2号最不被理解的地方：你对我不好，我越要讨好你，以此来获得你对我的喜爱。2号的焦点和注意力在别人身上，满足身边所有人的需要，唯独忘了自己，他们最对不起的就是自己。

心理学上说，越缺什么，就越渴望什么。

你没有那么伟大，地球离开你照样转。你要修的功课，就是在爱别人的同时多爱一个人，那个人就是你自己。

世界上最难走的一条路就是心路，走遍世间，经历种种，最终还是要走回内心。2号的心路就叫自爱。

3号性格的底层逻辑图

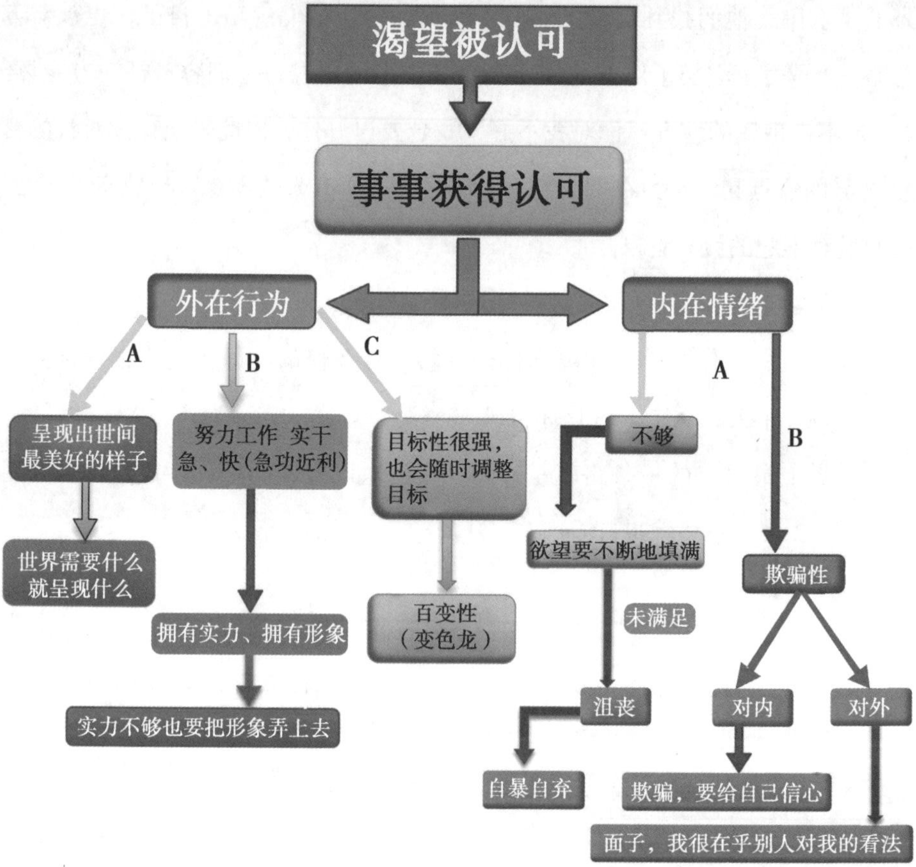
渴望被认可
事事获得认可
外在行为
内在情绪
A
B
C
呈现出世间最美好的样子
世界需要什么就呈现什么
努力工作 实干急、快(急功近利)
拥有实力、拥有形象
实力不够也要把形象弄上去
目标性很强，也会随时调整目标
百变性（变色龙）
A
B
不够
欲望要不断地填满
未满足
沮丧
自暴自弃
欺骗性
对内
对外
欺骗，要给自己信心
面子，我很在乎别人对我的看法

3 号性格的底层逻辑：一生忙碌，只求认可

3 号性格自带发光特质，是识别率较高的一种性格，是人群中最耀眼的那颗星星。

九型人格课程有个访谈环节，老师说，认为自己是 3 号性格的上台，哗啦啦一片都是。

他们双目炯炯有神，神采飞扬，自信满满，为成功而时刻准备着，喜欢鲜花和掌声，为舞台而生。

天生我材必有用。

天将降大任于斯人也，必先苦其心志，劳其筋骨……

秦朝丞相李斯一生奉行老鼠哲学："人之贤不肖譬如鼠矣，在所自处耳！"说的是人之贤明与不肖，如同鼠在仓中与厕中，取决于不同的地位。地位决定贵贱，人生在于选择。

这都是 3 号的内心独白。

经过调查研究，我们中国 3 号性格的人最多，这跟我们民族文化有很大的关系。我们几千年来是农耕文化，勤奋是刻在我们骨子里的气质。老师从小教育我们要谦卑有礼，凡事三思而后行，在这点上 8 号性格偏多，不绕弯，行事果断直接、干脆利落。而日本人做事一板一眼，讲规则制度，1 号性格居多。

我们来深度探索一下 3 号性格的内在逻辑和外在行为。

3 号内心：最渴望被认可。

如何获得别人的认可呢?

小时候，做一个好学生，拿到好的成绩，来获得父母和老师的认可。

长大了，干一份体面的工作，要么选择创业赚得盆满钵满，成为人生赢家。

如果成绩不够好，能力也不够，那么尽量在形象上打扮得体面一些，形象走在能力的前面，俗称“颜值经济”。

总之，3 号是那种能屈能伸、能刚能柔，适应力非常强的一种性格。他们精力充沛，只要目标明确，可以起早贪黑。他们是打不死的“大强”(“小强”这个词在 3 号眼里不够高大上)，3 号最不怕的就是行动，只要梦想能够照进现实，3 号坚信：胸怀梦想，心怀希望，前方一定是一片蓝天。

我在做访谈的过程中，有几个学员是 3 号性格，她很惊讶地跟我说：叶老师，我是 3 号，你也是 3 号，为什么我跟你差距这么大呢?

在现实生活中，不是所有的 3 号都会成为那颗耀眼的星星，有些 3 号看起来像温暖的 2 号，也有些像严谨的 6 号，当然也有我这种看起来更像 8 号的 3 号；甚至，有些 3 号多才多艺，多愁善感，比 4 号更像 4 号。

学习九型人格是一个不断探索自我的过程，也是这门学问的魅力之处，比如我身高 178 厘米，人高马大，加上我性格直爽，我一度也以为自己是 8 号性格。其实是受原生家庭的影响，因为我妈是典型的 8 号性格。当时很震惊，我妈是一个农村妇女，怎么会是 8 号性格呢？我以为只有克服千难万险拼搏成功的企业家才是 8 号性格，性格与外在的成就没有必然的联系，成就有时候受机遇、生存环境影响很大。

你可以回想一下，自己的父母是什么样的性格，有没有受到他们的影响，呈现出他们的性格。

3 号，外号变色龙，可塑性强，小的时候你给他们搭建什么框架，长大了就成为那个样子。

海伦·帕尔默用一个词来形容3号的思维习性：欺骗（这里的欺骗并非是贬义）。

很多3号不承认自己是3号，包括我。我觉得自己是如此真实的一个人，怎么会欺骗呢？

3号通常认为自己很真实、很直接。喜欢美，就把自己变得美；喜欢钱，就去努力赚。

3号为人处事不像2号那么“憋屈”，也不像4号那么“矫情”，活得洒脱。

3号的“欺骗”指的是：他们为了获得别人的认可，尽可能把好的一面展示给别人看，努力付出，他们的种种好，都渴望被人看见，希望自己是优秀的、完美的，为了获得成功可以不惜一切代价，甚至急功近利。他们会习惯性地把不好的一面隐藏起来，不被外人发现，连他们自己都不愿意看见不好的一面，久而久之，他们把自己给骗了。3号喜欢被人认可，否则他们会没有力量。

虚荣爱面子可能是3号的习性。

他们没有什么坏心思，只想能够把自己变得更好，更多地吸引人家的关注和认可而已，有时却常常被人误解。

3号是人群中较空虚的一种人，我当时也不理解，像我整天忙忙碌碌的，感觉有赚不完的钱，学不完的知识，哪来空虚一说？

3号的空虚，指的是内心有个巨大的黑洞。房子不够大，存款不够多，老公不如闺蜜家的老公会赚钱，孩子不如别人家的孩子会学习。她会不自觉地去跟人家比，不够、不够还是不够。所以，3号的人生就像陀螺一样不停地转，累而不自知。

3 号真的不会累吗?

3 号走的是心区智慧中心，但 3 号又是反感受的，为了达成目标，往往屏蔽了自己的感受。在 3 号的价值观里，只要结果好，一切就好，不注重享受过程。如果看不到结果或者看不到希望，3 号就会去到 9 号，像 9 号一样庸庸碌碌，什么都不想干，破罐子破摔，看似无欲无求，但区别在于真正的 9 号是享受这种慵懒的状态，而 3 号是痛苦的自我放逐，如果不能成为天使，那就做魔鬼。

心理不健康的 3 号，会走向另一个极端，怨天怨地怨空气，一切都是别人的错。他们有可能会形成报复型人格，用恶毒的语言来攻击别人。明明是自己贪婪不自知，却觉得被骗了。

这个世界没有人可以骗你，骗你的恰恰是自己的无知和自欺。

3 号非常爱学习，渴望成长的一群人，他们喜欢体验各种新事物，但是他们不自省，归根结底还是性格的原因。

我听到老师深度剖析 3 号的时候，一边听一边哭，觉得自己好可怜，穷尽一生在追求，可却没有耐心去享受自己的财富，更多的是为了证明自己，在他人的认可中获得满足。

世人只关心你飞得高不高，却很少有人关心你飞得累不累。

3 号最害怕的是失败，得失心太重。很多时候，3 号做着做着看不到结果，就放弃了。

成熟的 3 号往往像 6 号那样严谨、有耐力，脚踏实地地走好每一步。3 号看似很精明，实则是较迷糊的。所以，你有什么想法直接跟他沟通，别让他猜，只要他意识到了，改变起来比谁都快，因为改变的速度就是成功的速度。

3 号的成长方向：诚实（真实）

如果 3 号愿意面对自己的内心，做一个内外真实的人，外不欺人，内不欺己，那么他的人格魅力就出来了，是一个真善美的天使，在人群中耀眼却不夺目，收获更多的掌声与鲜花。

不为面子干，不为虚荣干，要干就脚踏实地干。

把事情干好是目的，金钱、名誉、地位只是顺带的结果而已。

3 号的心路是自省，做一个真实的人。

如果你是 3 号，多看自己拥有的，多欣赏自己，知足常乐。

如果你的家人、朋友、孩子是 3 号，记得多鼓励、多赞美，给予支持。

4号性格的底层逻辑图

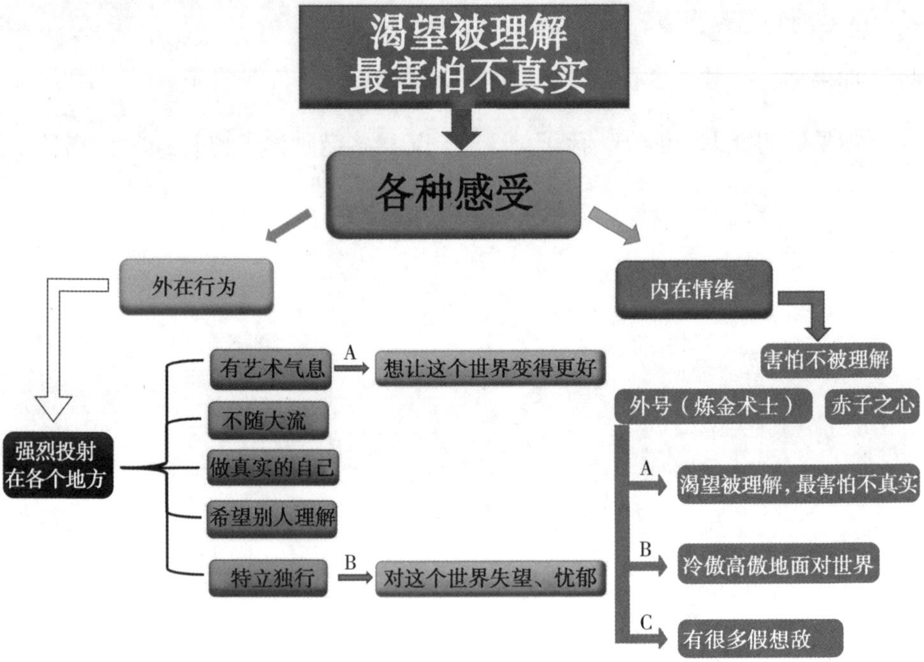
渴望被理解
最害怕不真实
各种感受
外在行为
内在情绪
强烈投射
在各个地方
有艺术气息
A
想让这个世界变得更好
不随大流
做真实的自己
希望别人理解
特立独行
B
对这个世界失望、忧郁
害怕不被理解
外号（炼金术士）
赤子之心
A
渴望被理解，最害怕不真实
B
冷傲高傲地面对世界
C
有很多假想敌

4 号性格的底层逻辑：你若懂我，该有多好

人在成长的过程中，受原生家庭、学校、工作、社会的影响，性格是有多样性的，哪怕是同一种性格，也有很多不同点。九型人格里面还有 3 种副型，细分下来其实有 27 种性格。

人的性格会不会随着年龄、环境改变呢？

主型不会变，变的是你的健康层次、心理成熟度。主型在 0—1 岁的时候建立，副型在 1—3 岁建立。

越成熟，类型就不明显。

学习九型人格最终成长的方向：无类型（不是找不到自己的性格，而是修炼得非常好，外人看不出类型，但是自己非常清晰是几号性格）。

建立自我，追求无我，这个过程就叫：心灵提升。

我在九型人格探索的过程中，曾经怀疑自己是 4 号，做了萨提亚疗愈之后，才觉察到是原生家庭带来的影响。

4 号与 3 号是完全不一样的两种性格。

3 号无视自己的感受，干脆直接要结果；4 号情感浓烈，享受过程。

3 号精明实干，眼神明亮聚焦。

4 号浪漫多情，眼神忧郁迷离。

如果你想了解 4 号性格，可以试着去探索他的内心世界。

让我们深度探索 4 号性格的内在逻辑和外在行为。

4 号内心：最渴望被理解。

被称为自我者，走的是心区感受智慧中心，与2号相反，2号在感知别人，4号在感知自己，用一个词来形容——内向投射。4号内心波澜起伏。有一个词叫“住境生心”，外界的一花一草都会激起他们内心的涟漪，林黛玉的《葬花吟》就是最好的例子。他们能够敏锐地感受外部世界，填补自己的内心，总觉得自己跟身边人不一样，特立独行、不随大流、不媚俗，希望别人理解他们，但身边的人又通常不理解，觉得他们太“矫情”了。慢慢地，他们用冷傲独特的方式去表达自己，我不理解你们，你们也不懂我。无所谓，I don't care（我不在乎）。实际上，他们非常渴望有人懂他。

4号自带情感属性，对情感的要求非常高，纯粹、真实、浪漫。

4号最害怕：不真实，被欺骗。

通常4号不喜欢3号，觉得3号装、炫、不真实，3号也往往不喜欢4号的矫情。其实，4号他们是如此接近生命的本原，努力看到生命最根本的样子，天然感知人世间的苦难，所以他们有一股忧郁的气质，眼眸里藏着一腔深情。注意忧郁与抑郁是不一样的（忧郁是一种气质，抑郁是一种病态），我在人生低谷忧郁的状态下，就呈现出很多4号的一面，悲观、敏感、多疑、否定自己、封闭自己，断绝外在的一切联系，这是不健康的状态，不是判断4号的主因。

想一想，自己的4号特质，有没有受原生家庭、恋爱、婚姻的影响？

真正的4号是享受自己的情绪，在情绪里走不出来，不断地回味。他们习惯孤芳自赏，遗世独立，不是刻意与人保持疏离。4号的底色是悲情、悲凉。

欣赏一下纳兰容若的《木兰词》：

人生若只如初见，何事秋风悲画扇。

等闲变却故人心，却道故人心易变。

……

健康高层的4号，努力让这个世界变得更美好，投入自己的激情帮助那些对这个世界绝望的人，这个时候的 4 号非常积极阳光，发现 1 号的正面：做事认真，追求完美。

有些 4 号发现自己无力改变的时候，就会选择对这个世界失望。在他们身上发现 2 号的负面：失去自我，找不到我是谁。他们看不清自己存在的价值和意义，于是开始去迎合世俗，表面上弥漫着一丝忧伤，自己的内心也会变得极其痛苦而挣扎。

糟糕的 4 号，有时会选择自杀的方式离开这个世界，比如三毛、张国荣。他们才华横溢，有着世人羡慕的名誉、地位、财富。他们被羡慕、被赞叹，却唯独不被理解。

曾经写出《面朝大海，春暖花开》的诗人海子也是典型的 4 号，梦想破灭，信念崩塌。

4 号的情绪特征：嫉妒。

怎么理解这个词？对失去的东西、得不到的东西耿耿于怀，甚至会产生幻觉，有很多假想敌。

4 号的成长方向：泰然（平静）。

4 号追求真实、真诚，但是感受到的不一定是真实的。

真做假时，真亦假。

假做真时，假亦真。

真真假假，假假真真，万事万物最终还是化作一缕尘埃，何必太在意？

水至清则无鱼，人至察则无徒，难得糊涂！

用自己的意识去控制自己的感受情绪，而不是任由情感泛滥，4 号偏感性，如果多一分理性和思考，也许世界就会更美好。

宠辱不惊，看庭前花开花落。

去留无意，望天上云卷云舒。

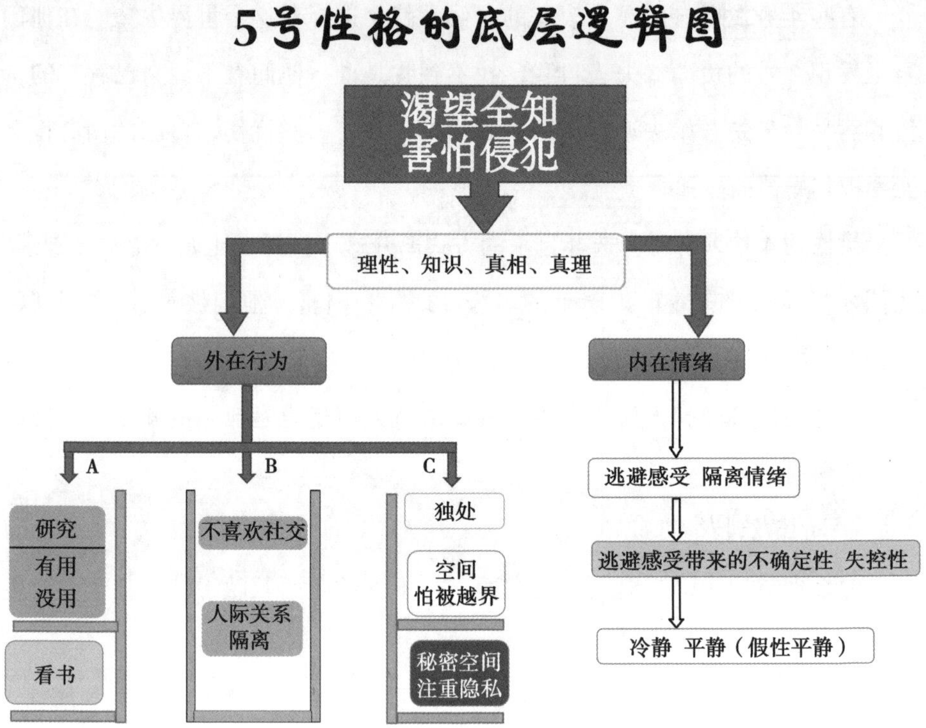

5号性格的底层逻辑图
渴望全知
害怕侵犯
理性、知识、真相、真理
外在行为
内在情绪
A
B
C
研究
有用
没用
看书
不喜欢社交
人际关系
隔离
独处
空间
怕被越界
秘密空间
注重隐私
逃避感受 隔离情绪
逃避感受带来的不确定性 失控性
冷静 平静（假性平静）

5 号性格的底层逻辑：害怕侵犯，渴望全知

说起 5 号性格，也称思想型、观察者、哲学家，我身边这样的人比较少，印象中，他们不是躲在实验室里研究课题，就是躲在家里研究股票。他们不爱社交，天生耐得住寂寞，受得了煎熬，经得起诱惑。

让我们一起来探索 5 号的内在逻辑和外在行为。

5 号内心：害怕被侵犯、被打扰，渴望全知。

他们用理论、知识、理性来填满内心的黑洞，他们善于分析，喜爱刨根究底，渴望比别人知道得多，用自己的智能和理论驾驭他人。他们冷静、机智、分析力强、好学不倦，善于理性地处理问题，他们远离人群，不怕孤独寂寞，也不喜欢有情绪，情感抽离。

他们有的成为科学家、哲学家。

西方有三哲：苏格拉底、柏拉图、亚里士多德。

相传苏格拉底是柏拉图的老师，亚里士多德是柏拉图的学生。

苏格拉底强调：知识即美德，无知即罪恶，一切不道德的行为都是因为缺乏知识。

亚里士多德有一句名言：吾爱吾师，吾更爱真理。

相传柏拉图有一位学生，被一个女孩子求婚，他很困惑，跑去问老师怎么办？

跟 7 号的逃避当下相反，5 号最能控制当下，控制情绪，逃避感受不确定性带来的失控。面对苦难和灾难，他情绪平稳，从 5 号脸上很少感受到喜

怒哀乐，更多的是平静。

有些 6 号会被误认为是 5 号，他们在逻辑思考方面，在研究事物的真相和本质上类似。他们的区别在于动机：6 号更多的是出于担心和猜疑，6 号的眼神是警惕的、怀疑的。而 5 号，是对知识和真理的追求，6 号习惯性地要去研究探索。5 号的眼神是空灵的，没有 6 号那么警惕，也没有 7 号那样乌溜溜转得快。

6 号对情感要求比较高，需要关心与温暖；而 5 号对情感没有很多的需求，他们喜欢讲道理，讲事实。

5 号和 9 号，他们在情绪方面都很稳定，不善言辞，也不善表达自己的感受。但是，他们在本质上有很大的区别，9 号的内心装着一个很大的球，可以装下很多情绪垃圾自行消化，一旦那个球爆炸了，9 号才会发脾气；而 5 号是隔离情感，就像隔离病毒，自动屏蔽了感受带来的不可控。沾上情感，一旦失控发起脾气比 9 号还要可怕。当然，5 号发脾气比 9 号概率低。

行为看着都差不多，但是内在的逻辑是不一样的，察觉自己的内在动机，才是判断型号的主因。

5 号的盲区：吝啬和贪婪。

这里的吝啬并非是对金钱的吝啬，而是对时间和空间的吝啬，他们不喜欢被打扰，不喜欢被侵犯，他们更喜欢独自一人研究思考，只有遇上对的人，才会侃侃而谈，话不投机半句多，连客套话都不愿意多说一句。他们不谈感受，重事实讲道理。所以过日子的时候，5 号的做法是合理合法，但是不合情。清官难断家务事，家不是讲理的，是讲爱的，在他看来，你是无理取闹。

这里的贪婪不是金钱的贪婪，是对知识和真理的贪婪。

在他们的价值观里，我懂了就成了，所以喜欢研究各种知识，无论是有用的，还是无用的。

他们是思想的巨人，行动的矮子。他们不喜欢行动，更喜欢用理论去指挥别人。

5 号的成长方向：

跟 8 号学习，学习 8 号的行动力，多一些交际，使自己的内心世界得到放松。

相信自己是安全的，不需要很多知识去武装自己。有谋，也有行。

健康的 5 号，去到 8 号的正面，喜欢跟人交流，碰撞思想的火花，寻找志同道合的精神伙伴，建立自己的盟友。5 号性格的人通常有担当、讲义气，情感丰富。

不健康的 5 号，去到 7 号的负面，不再专心研究一件事，转而各种尝试，往往只是流于表面，找不到一直在追寻的真理。他们长期在压力之下，会失去思考和独处的能力，离本质和真相越来越远。

如果你的伴侣是 5 号性格，多给他一点时间和空间，多一分理解。如果你越是纠缠，他越会逃离你，多一点兴趣爱好，也许会加深你们之间的情感连接。

6号性格的底层逻辑图

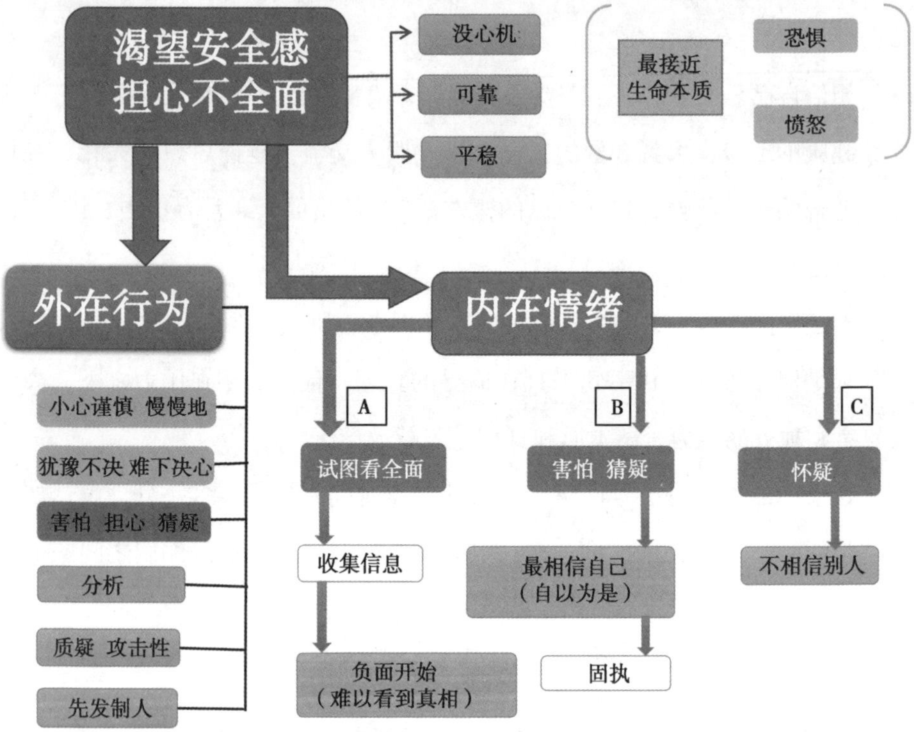
渴望安全感
担心不全面
没心机
可靠
平稳
最接近
生命本质
恐惧
愤怒
外在行为
小心谨慎 慢慢地
犹豫不决 难下决心
害怕 担心 猜疑
分析
质疑 攻击性
先发制人
内在情绪
A
B
C
试图看全面
收集信息
负面开始
（难以看到真相）
害怕 猜疑
最相信自己
（自以为是）
固执
怀疑
不相信别人

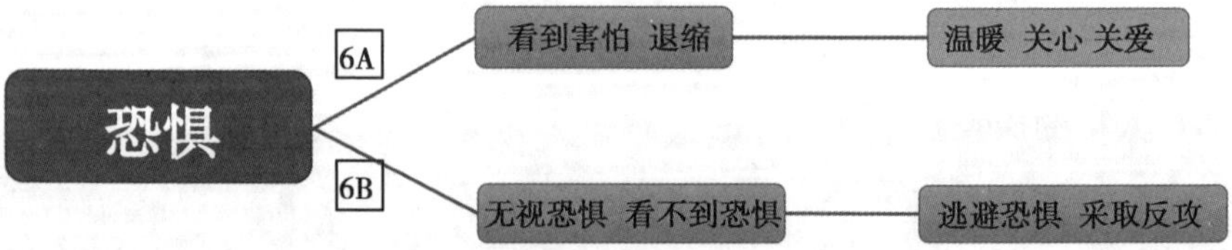
恐惧
6A
看到害怕 退缩
温暖 关心 关爱
6B
无视恐惧 看不到恐惧
逃避恐惧 采取反攻

6 号性格的底层逻辑：因为恐惧，所以谨慎

西方心理学家弗洛伊德说：恐惧的背后是愤怒，愤怒的背后是恐惧，愤怒和恐惧交织在一起，形成一个深不见底的黑洞。

6 号性格属于质疑型，也是所有型号当中比较特殊的一种，分 6A 和 6B。

6A 通常比较温暖阳光、谦卑有礼，处事犹豫不决，看起来像 2 号或者 9 号。

6B 则眼神警惕，充满怀疑，平时喜欢研究质问。一旦暴躁起来，他们会像 8 号一样直接，质疑攻击，也可能像 3 号那样急功近利。

他们的外在行为完全不一样，但是内心世界的底层逻辑都是一样的。

让我们一起探索 6 号性格的内在逻辑和外在行为。

6 号内心：充满恐惧，渴望安全感。

3 号有了钱，安全感就会被满足。2 号有了爱，安全感就会被满足。8 号有了权，安全感就能得到满足。但是对 6 号而言，即使再多的钱、再多的爱，他内心深处的恐惧和不安依然存在。他的担心、疑心是如影随形的，就好比鱼儿在大海游，却不知道大海在哪里。

九型人格的探索，也是一场自我对话。

问一下自己内心的不安全感：是因为眼前的缺钱，还是孩童时代的缺爱造成的？

缺钱是经济状态，缺爱是心理状态，而 6 号的恐惧不安是一种本能。

缺什么就补什么，内心恐惧不安，所以对外在的安全系数要求更高。

6 号面临新事物，不会像 3 号那样感性，而是先质疑，会做调查，搜集信息，渴望看到事物的真相和本质。好比一张白纸，中间有个小黑点，在他眼里看到的不是一片白，而是紧盯那个黑点不放，结果离真相越来越远。除非 100% 的有把握，6 号才会采取行动，如果还有 10% 的不确定性，他们宁可先观望。总之，他们宁可错过，也不要犯错。在现实生活中，6 号外在的行为就会比较慢，他要经过层层分析，逻辑推理，当然效率也就比较低了。

当面临恐惧或者危机的时候，6A 与 6B 的行为，就此区分：6A 小心翼翼，不容易相信别人，更加慎重，要么犹豫不决，要么选择退却。我惹不起，那我总躲得起吧。6B 会迅速采取行动反击，显得更加自信勇猛，无视恐惧或者忽略恐惧，信任自己更多一些，天下武功唯快不破，先下手为强，先发制人，有些 6 号急躁起来像 3 号。

但是 3 号和 6 号是完全不一样的逻辑：如果形容 3 号是短跑冠军，6 号则是长跑冠军。3 号能够接受闪婚，6 号更愿意先谈一场马拉松式的恋爱。

3 号、6 号性格组成夫妻的家庭，会是什么样的呢？

3 号受不了 6 号的思前顾后，前怕狼后怕虎，绕来绕去，错过了大好机会。而 6 号也不喜欢 3 号的浮躁夸张，感性冲动，火急火燎的样子。3 号快，是因为急，想快速看到结果；6 号慢，是因为怕，想求稳，求安全。

没有对错，只有看问题的角度不同。

九型人格的魅力，是让我们觉察对方的盲区，并与对方做出正确的呼应。

3 号需要给 6 号多一分耐心，恰恰 3 号最缺的是耐心。6 号需要给 3 号多一分信任，恰恰 6 号最缺的就是信任。

谁说婚姻不是一场修行呢？

我们在对方身上，看到了他的盲区，也照见了自己的黑洞。

唯有修行，才能彼此润泽；因为懂得，所以慈悲。

6号的魅力之处在于，不但有耐心，还有耐力，所以也被称为忠诚者。

6号的怀疑、担心更多的是针对事情，一开始会千方百计地分析考察试探，各种挑剔，看似百般刁难，一旦他们认可你了，就会表现得非常忠诚。于婚姻，是忠诚的伴侣；于事业，是忠诚的搭档；于生意，是非常忠诚的客户。

如何跟6号相处呢?

满足他们的安全感，让他们清楚地知道你在做什么，你的思路，你的计划，越详细越好。

一旦他们的安全感得到满足，他们就会对你非常忠诚，也会极尽所能来帮助你。

别看6B挑剔谨慎，他们只要认可你，也会像8号那样，为你两肋插刀，肝胆相照，他们结交的都是持续长久的朋友。

有些6B会误以为自己是8号，他们之间的区别是：

8号是更本能、更直接的反应，不顾后果，因为8号是本能智慧，而6号是思维智慧，他行事先动脑，三思而后行。6B比8号更有谋略和城府，而8号比6号更霸气和直接。

6号是非常固执的，除非经过他大脑的加工处理，认为这是可行的，否则你很难说服他们，所以，鼓励赞美认可对3号是强心剂，对6号来说，那是加速他们逃避你。太过完美的事对6号来说是一个陷阱，6号坚信天上是不会掉馅饼的，不符合逻辑。同时，6号骨子里也是傲慢的，你可以不认可我，但是不能不尊重我。

6号的盲区：内在傲慢，不谦卑。

一般地，6号看起来通常很谦卑的样子，那只是掩饰内心傲慢的一种表象而已。

不健康的6号，眼神是惊恐的，又没有自信，身上的戾气很重，没有能力影响别人，也不愿意被别人影响。6号，去到3号的负面，会显得急躁，见不得别人好。而健康优秀的6号，你会惊叹他们的谨慎睿智，为人处事游刃有余，张弛有度。这个时候，6号去到9号的正面，像9号那样包容接纳、耐心温和，不伤人但是又非常慎重。

6号的成长方向有两点。

一是从傲气入手，对这个世界谦卑，看到了更多，看懂了很多，融入他人，多一分同理心。二是勇气，敢去试错，去做，而不是担心怀疑，相信这个世界是安全的，即使天塌下来，也有高个子顶着。樊登老师问：试错的成本高，还是怀疑的成本高？错了也就一次，如果怀疑，连试错的机会都没有。谁的成功不是在尝试、在试错中成长起来的呢？没有一蹴而就的成功，有的是跃跃欲试的勇气和日渐成熟的睿智。

7号性格的底层逻辑图

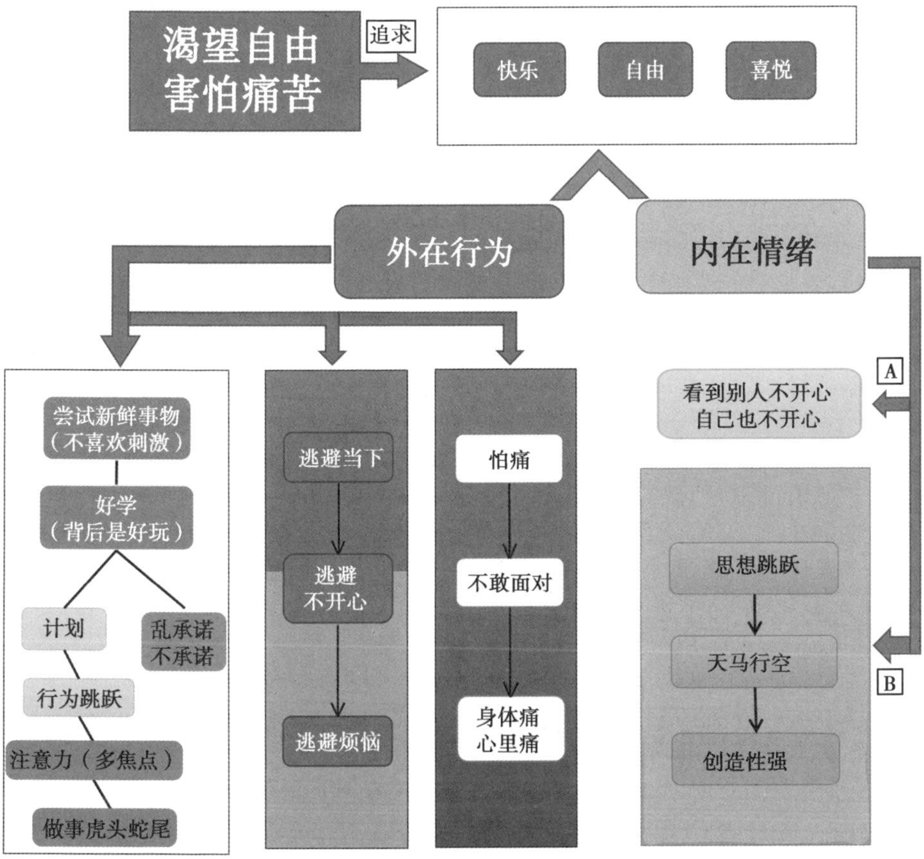
渴望自由
害怕痛苦
追求
快乐
自由
喜悦
外在行为
内在情绪
尝试新鲜事物（不喜欢刺激）
好学（背后是好玩）
计划
乱承诺 不承诺
行为跳跃
注意力（多焦点）
做事虎头蛇尾
逃避当下
逃避 不开心
逃避烦恼
怕痛
不敢面对
身体痛 心里痛
A
看到别人不开心 自己也不开心
思想跳跃
天马行空
创造性强
B

7号性格的底层逻辑：追求自由，一生逃离

7号性格的人，有一颗赤诚之心。他们看起来玩世不恭、不靠谱、没有责任心，没心没肺。

他们是乐天派，追求喜悦和自由。这些有时会造成世人对7号的误解。因此，7号也称为享受主义者、乐天派、自由主义者。

让我们一起来探索7号的内在逻辑和外在行为。

7号的内心：逃避当下（只有一种选择）。

他们身上有着无穷的精力和探索欲，去探知这个未知的世界。他们不停地选择，不停地尝试，都是为了开心快乐。有一位哲学家说，如果每天都有阳光，这个世界早晚会变成沙漠。适当的雨露才会滋养万物，生命也是一样的，鲜花与荆棘永远相伴。而7号面对烦恼和压力，他们会本能地选择逃避、逃避、逃避，不愿意活在当下。于是，他们会做很多计划和向往，思维跳跃，天马行空，非常有创意，行为也是跳跃性的，焦点太多无法集中做好一件事，容易给人感觉做事虎头蛇尾的感觉。在这个过程中，他们不承诺或者乱承诺，久而久之，身边的朋友就会觉得他们不太靠谱。

他们就像长不大的孩子，活在自己的童真世界里，做什么不求结果，开心就好。

我的拉丁舞李教练就是7号性格，60岁的年纪，可以穿着三点一线的泳装，脚踩“风火轮”在T台走秀，结交了一批爱玩的年轻“90后”，在她家举办各种派对，好不热闹。我很羡慕这种状态，永远年轻，永远活力，永远

18 岁。

我有幸成为她的第一批弟子，她的学生身份各异，有开私人庄园的，也有做高端整形会所的，还有十八线小明星，中医养生专家，她每次接触到各种新鲜的好东西，都会第一时间通知我。

她跟我说起她的梦想，是做一个中国奢侈品牌，也有人投资包装她，最后，怕压力，怕不自由，最后都不了了之。她没有架子，学生都和她打成一片，今天一起去旅游，明天一起跳舞，玩得不亦乐乎。

看着她在台上跳舞自嗨的状态，你都想象不出她是一个 60 岁的老太太。

她年轻的时候因爱美爱玩引起老公的不满，从而结束了婚姻。她下海经商养活儿子，还把儿子培养成大学老师。她在 45 岁那年得了癌症，子宫摘除。她是很怕痛的一个人，怕身体的痛、精神的痛。有时候命运就是这样，怕什么就来什么。她选择逆风而上，向死而生，通过舞蹈来疗愈自己的身心，开始学习拉丁舞。到如今，整整跳了 15 年，跳成了国际拉丁舞教练。

很多 3 号误以为自己是 7 号，因为他们有很多共同点：精力旺盛、激情四射，以自我为中心，也都喜欢体验新鲜事物，又往往半途而废。但是不同的是，3 号是为了获得认可，追求结果去做，而 7 号更在乎的是这个过程是否好玩和开心。3 号看不到希望或者结果，会逃避，甚至会破罐子破摔。而 7 号，是做着做着就会放弃，不一定是看不到结果，也许结果还好着呢，只是因为没意思、不好玩了。

3 号很好学，喜欢成长，有些 7 号比 3 号更好学，但他们的原动力不一样。3 号觉得只有懂得多才会被认可，为什么学，学什么，拎得门儿清。而 7 号好学的背后纯粹是好玩，没有什么目的性。

九型人格探索，要从内在源头出发，问问自己的原动力是什么？

是不是追求快乐就是 7 号的性格？其实不管哪类型号都喜欢追求快乐，

逃避痛苦，所以这不是判断 7 号的主因。7 号的根本原因是害怕当下只有一种选择逃避。

健康的 7 号，他们选择自律带给自己的自由。这个时候，会去到 5 号，拥有 5 号的正面：理性、严谨、睿智。虽然 7 号和 5 号都是思维智慧，但他们又是两个极端，5 号比 6 号更内向，逻辑思维还要严谨，而 7 号一副玩世不恭、没心没肺的样子，行为更像没脑子的，实则是 7 号的脑袋太活跃了。

3 号很容易和 7 号成为朋友，一个反感受（3 号不愿意用心去感受），一个反思维（7 号不愿意用脑去思考），都怕麻烦。他们做事容易一拍即合，火急火燎开始，最后虎头蛇尾结束。经过合作，3 号觉得 7 号做事责任感不强，而 7 号觉得 3 号太急功近利了。

不健康的 7 号，会去到 1 号的负面，认死理、呆板、无趣。

7 号的盲区：自由放纵、怕痛。7 号怕痛，怕麻烦，怕失去自由，面对情感纠葛，本能地选择逃避，容易落得个薄情寡幸的罪名。凡事要适可而止，没有自律，哪来的自由。7 号的成长方向：清醒、自律。清醒地活在当下，知道自己在做什么。

8号性格的底层逻辑图

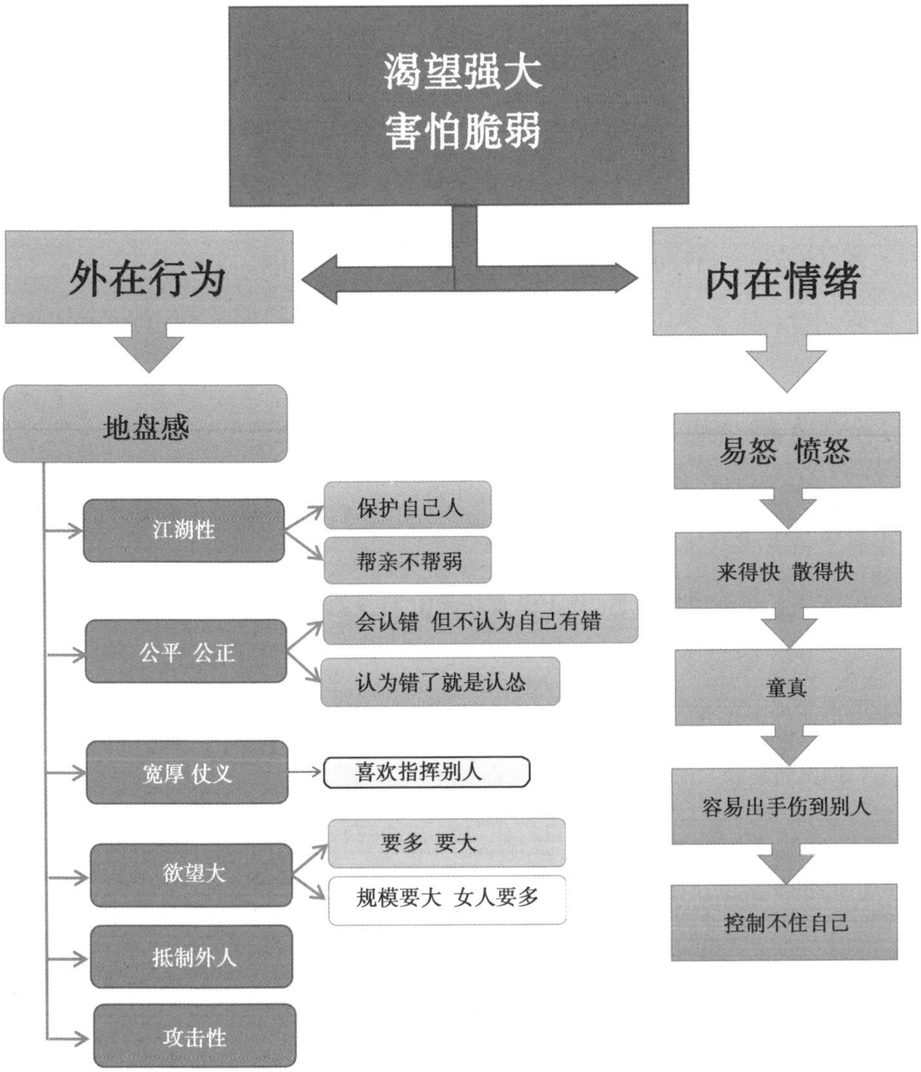
渴望强大
害怕脆弱
外在行为
内在情绪
地盘感
江湖性
保护自己人
帮亲不帮弱
公平 公正
会认错 但不认为自己有错
认为错了就是认怂
宽厚 仗义
喜欢指挥别人
欲望大
要多 要大
规模要大 女人要多
抵制外人
攻击性
易怒 愤怒
来得快 散得快
童真
容易出手伤到别人
控制不住自己

8 号性格的底层逻辑：害怕脆弱，逆流而上

直到深度学了九型人格，才得知我妈妈是 8 号性格。

我曾经很诧异地问老师：我妈是农村妇女，怎么会是 8 号性格呢？

老师回答：性格与社会成就没有必然联系。

我妈身高 175 厘米、体重 80 公斤，外形上判断，真的有一种 power（力量）的感觉。

我遗传了她的基因，无论是外形还是性格。

有些学员问我：叶老师，我感觉你更像 8 号，有担当，愿意付出，看起来很有力量的感觉。

但我不是 8 号性格，所以在很多观念上与我妈妈冲突较大。

我从小在她的身边长大，越长越像 8 号，她要求我承担的事情，我迫于无奈不得不照做。但是，这并不会使我开心，因为 3 号和 8 号的底层逻辑是不一样的，如何区分？

让我们一起深度探索 8 号的内在逻辑和外在行为。

内心的黑洞：害怕脆弱，渴望强大，用力量来填满生命。

8 号特质是以本能智慧为中心，他们与生俱来本能比较强大，比如 8 号愤怒时，表现得就会比 1 号和 3 号的愤怒更直接。大自然的生物很有地盘感，像黑豹，领地 20 平方公里，它能轻易感知外来生物的入侵。哪怕一只蚂蚁，在地震来之前都会有强烈的反应，它们不是靠思维判断，凭的就是本能智慧。

表现在 8 号身上，用一个词来形容——江湖性。有人的地方就有江湖，

他要保护身边的人。他们喜欢被一群人围着，享受那种高高在上的感觉。

在他们的价值观中，只有强大、有力量才能保护身边的人，他们追求公平，公正，他们宽厚、正直。他们的情绪特征：易怒，怒气来得快，去得也快，有时让身边的人措手不及，他们自己不会耿耿于怀，但身边的人通常会适应不了。

8号通常处事直截了当，学校里的那些“小霸王”大多是8号性格，他们喜欢指挥别人，享受当“老大”的感觉。

8号贪大，事业要大、规模要大。8号做事情愿意冒险。

很多人认为8号比较难说服，其实他们非常忠诚，不会当面一套，背后一套。

8号的盲区：一是害怕脆弱，二是嗜欲。

在8号眼里，承认脆弱就是认怂，他们宁可装也要装得很坚强，他最恨无能，最怕背叛。所以，他们要尽一切努力把自己变得强大。他们的野心、欲望、权力、控制，很明显地写在脸上。他们欲望很强、自律性较弱。

8号的成长方向：理性与自律。

在行动之前，多一分思考，多一分理性，少一分风险。

刚强容易折断，适中的才是强大的。自律，可以更好地享受生命的品质。

9号性格的底层逻辑图

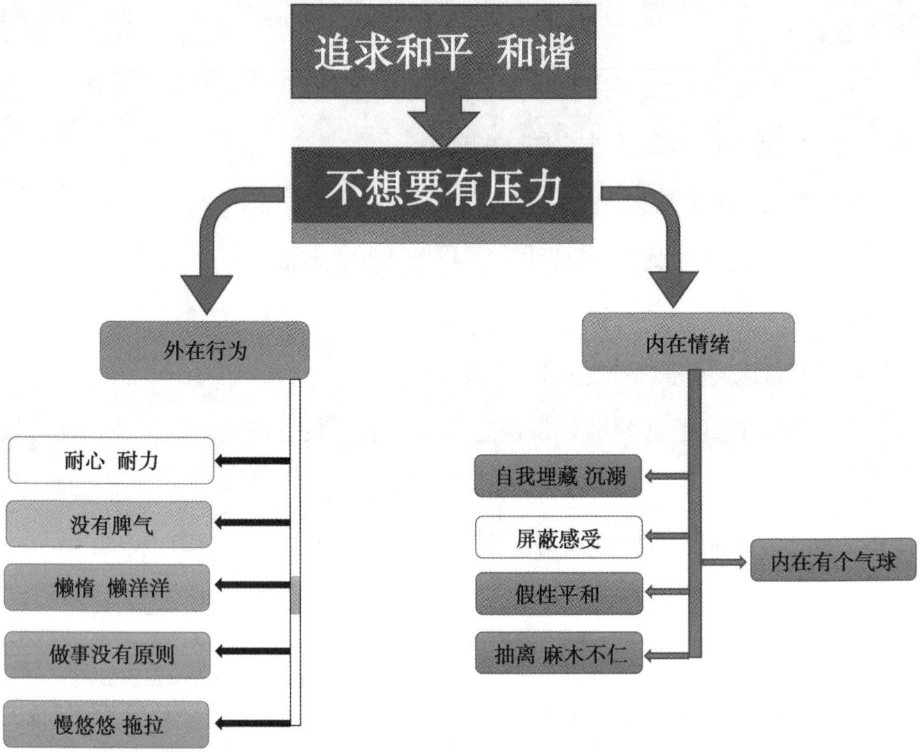
追求和平 和谐
不想要有压力
外在行为
耐心 耐力
没有脾气
懒惰 懒洋洋
做事没有原则
慢悠悠 拖拉
内在情绪
自我埋藏 沉溺
屏蔽感受
假性平和
抽离 麻木不仁
内在有个气球

9 号性格的底层逻辑：害怕冲突，随波逐流

9 号被称为和平者。和平者，处于九芒星图的顶尖，但在现实中，他们是最容易被忽略的一群人。

9 号天生好脾气，没有什么追求，也没有什么冲突，喜欢平平淡淡过一生。

9 号是绿叶，他们心甘情愿当配角。

让我们一起来探索 9 号的内在逻辑和外在行为。

9 号的内心：最害怕冲突，渴望和谐。

怕冲突，怕得罪人，怕左右为难，渴望人人和平共处。他们不追名逐利，性格温顺、与世无争、随和。他们的外在行为很慢，能坐着就不要站着，能躺着就不要坐着，怎么舒服怎么来。他们做事拖拉，没有原则性，好在耐力强、比较细致、脾气好，是人际关系的润滑剂。他们的内在是自我埋藏的，就好像装了一个气球，把不舒服的情绪装起来，自我消化，屏蔽感受，假性抽离，一旦爆发出来，脾气比谁都大。

8 号是动态的，好比拉丁舞，魅力四射展现给别人看。而 9 号是静态的，好比瑜伽，静静地与自己的心灵对话。他们的眼神是呆萌的，气质是憨憨的，体态通常是胖乎乎的，我想是心宽体胖的缘故吧。减肥对他们来说，是一件很困难的事情。他们的心就像大海，包容性很强，接纳度很高，对生活很容易满足和妥协。

他们很容易被误解，甚至被嫌弃：没出息、不上进，你看看别人家的孩子拿双百；你看看别人家的老公今年又晋升了，换大房子了。

我公公是9号性格，婆婆是3号，他们在帮我带孩子。我经常听到婆婆在批评公公，我开玩笑地跟老公说：公公都被婆婆骂蔫了吧。婆婆勤奋持家，一边做一边抱怨；公公懒惰没脾气，任婆婆怎么抱怨，他都默默承受。

3号很容易被9号感动，3号急躁没耐心，急功近利，目的性强；9号最不缺的就是耐心，温柔细腻，脾气好，缺的是目标，他们之间互补。

对9号来说，慢就是快。

3号会说：我已经很慢了啊，为什么还说我快呢？

9号也会委屈：都说我慢，可是我觉得自己不慢，已经很快了。

这就是性格差异。

我在学习古琴的时候，拜的清凉堂老师就是9号性格。

每次上课，他都语重心长地跟我说："文静，琴不是弹给别人听的，是跟自己在对话，你要通过古琴修炼自己的耐性。我知道你着急学曲子，你又不靠古琴谋生，你急啥呢？你就弹基本功，你弹出来的声音我满意了你才能学曲子。"我弹了半年基本功，他终于对声音满意了，我却开始崩溃了，老公说这么弹下去要得抑郁症，别弹了，如今我那古琴都落满了灰尘。

9号的盲区：沉溺在自己的空间里，怠惰，没有很强的行动力。

他们不喜欢快节奏，也不喜欢紧张的生活。慢慢来，他们按照自己的节奏，认为舒服舒心最重要。如果非要有目标，那就是让自己舒服。

健康的9号，去到3号的正面，有明确的行动力，知道自己要什么。

不健康的9号，去到6号的负面，什么都不相信，挑剔怀疑。

9号的成长方向：

内在：表达分享自己的感受，及时处理情绪。

外在：学习3号正确的行动力。

第三章

九型领导力

可复制的工具，不可复制的性格

领导力可以学会吗？

樊登老师说：可以学会，否则就不能成为一门课程。

其实这句话给我很大的鼓舞。

在自我探索的过程中，我认为自己的性格不适合做领导。我适合做英雄，不适合做将军。我是九型人格中的 3 号性格，在我的认知里，8 号性格才是天生的领导者。

管理大师杰克·韦尔奇说：抓住一切机会打造一致性。管理员工，并不是上级控制下级，而是双向沟通达成一致性。

听了领导力课程，也看了很多管理书籍，我做了回顾，反省以及检讨：创业七年，公司开了七年，没有任何发展，始终还是作坊，单打独斗为主。

客观方面：

不懂管理领导技能，缺乏认知。性格缺乏耐心，不懂得如何体现价值。

主观方面：

（1）太过自我，眼里只有自己，没有他人；

（2）本性私欲很重，眼里只有目标和结果，不会照顾别人的感受和情怀；

（3）内心深处极度匮乏，没有安全感，不太相信别人，所有的注意力都在自己身上，没有团队领导人的担当；

（4）功劳都是自己的，过错都是别人的。

对团队没有容错率，不舍得奖励，导致团队没有激情、没有成长。

《素书》有云：孤莫孤于自恃，危莫危于任疑。

领导力工具可以三天学会，但是领导者的修为却要三年，甚至一生。

可复制的是工具和方法，不可复制的是一个人的性格和成长。

只有你把自己修炼成更好的领导者，更好的项目、更好的团队才会在前面等你。

1号领导力

Perfectionist 完美型 /Reformer 改革者

★ 简单介绍：经常批判自己和别人，看事物常常觉得不够美。1号性格的人喜欢规矩和原则，他们的要求很高，甚至吹毛求疵；但他们勇于承担责任，想改革一切不完美的事物。

★ 其他称谓：完美主义者、改革者、原则主义者、是非主义者、监督者、纯粹主义者、批判家、爱秩序者、楷模、法官。

★ 行为动机：有原则，有标准，做事力求正确完美，常对自我进行批判；有要求他人按照自己的标准去做事的倾向；他们理性正直，会时常压抑自己人性中不理性的一面，怒而不宣。

★ 潜在恐惧：怕自己的良心受责备或遭他人谴责。

★ 潜在渴望：事事力求完美。

1 号领导力：稻盛和夫的成事和曾国藩的成圣

稻盛和夫说："人哪里需要远离凡尘，工作场所就是修炼精神的最佳场所，工作本身就是一种修行。只要每天努力工作，培养崇高的人格，美好人生也将唾手可得。"

工作，是我们人生的一部分。我们不要试图把工作从生活中剥离开来，我们要学会投入其中，体味其中，享受其中。

因为工作与生活其实是相互促进的。你在工作中领悟到的一些东西可以运用到生活中，从而反哺生活。工作与生活要相辅相成。

总之，人工作的目的就是为了磨炼自己的心智！

稻盛和夫是两家世界 500 强企业的创始人，被称为日本经营之圣，因此吸引了很多企业家去他的企业参访，被他的经营哲学所折服。

大学的管理学课程，也会用到日本的"5W1H"管理理论。

5W 是指：why（为什么）、what（是什么）、when（什么时候，时间）、where（哪里，地点）、who（谁，对象，责任到人）。1 H 指的是（how）怎么做。

领导力有个很重要的工具：布置工作五步法。

➢ 第一步：自己说一遍。

5 个要素：

（1）清楚地告诉员工需要做什么；

（2）完成的主要任务是什么，什么时候完成；

（3）主要负责人是谁；

（4）这项任务在哪里完成；

（5）如果涉及成本，成本控制范围。

➢ 第二步：

让员工复述一遍，理解是否有偏差。

➢ 第三步：

我们做这个事情的目的是什么，让员工学会灵活处理，完成任务围绕目标进行。

➢ 第四步：

如果遇到意外无法完成，怎么办，要发挥员工的积极性，责权边界。

➢ 第五步：

问员工对这件事有什么想法和建议，在执行前更好地优化，可以更好地发挥员工的执行力，提高效率。

日本企业，把布置工作这种细节，都形成了标准化、流程化，打磨到极致。

我们把这种精神称为匠心精神。在日本一家卖豆腐的百年小店传承了三代人，光豆腐就能做出上百道菜系，排队的人都可以接条龙了，他们依然不紧不慢地做。好不容易排到你了，对不起，今天的料卖完了，打烊了，您改天再来。生意这么好，咋不开连锁店呢？开不了，因为学会这种技术需要几十年。

尽管我们很欣赏这种匠心精神，但却很难复制。道理都懂，怎么就做不出呢？

可复制的是工具，不可复制的是性格。

九型人格研究报告中指出，1 号和 3 号性格有个共同的特点：都是真正做事的，他们都会很认真地工作，甚至有些 3 号比 1 号还要认真。

但是他们的内在逻辑是不一样的。1 号的人认为：细节决定成败，所以高要求、高标准，事无巨细，有条理、有节奏，慢工出细活。3 号的人认为：无论是白猫还是黑猫，能抓老鼠就是好猫，只要结果好，一切就好。对1号来说，光会抓老鼠还不够，抓的老鼠型号也要对，否则就不符合标准，结果重要，过程更重要。

赢在细节，也卡在细节。

如果在1号领导者手下做事，会很累、很辛苦，但是成长得会很快，因为他们追求完美，要求会很严格，他们总是在挑剔，这不够好，那不够完美，一切都要符合他们心中的标准。如果你没做好，他们会很愤怒，但是他们不会发脾气，在他们看来，发脾气也是不完美的表现，没有修养，1号领导者下的氛围是紧张又凝重的。

王子犯法与庶民同罪。他们是秩序与规则的维护者，他们的原则，神圣不可侵犯。他们的世界观是非黑即白的：要么不干，要干就干到极致。正如稻盛和夫所说的：工作本身，就是一种深刻的修行。人活到极致，一定是素与简，只有自律才能带来自由。

被称为半个圣人的曾国藩，也是九型人格里面的1号性格。

为师为将为重臣一完人，立功立德立言三不朽。

人，如何能成事？

成事第一要义：明。明字有两层意思：高明和精明。

高明，能见河山之旷远，人心之旷远，人心之顽固，世间之轮回，也就能降心抑志，窥见万事万物的底色，也就渐渐归于平实。

精明是指有精密度，调查研究获取足够详尽的信息，不想当然，多方推理，反复论证，得出符合逻辑的结论。

大处着眼，小处着手，高明是大处着眼，精明是小处着手，做事没有真正的捷径，于高明和精明两个角度反复做实验，反复磨炼心性，就是捷径。

心，既是心智（要思考、要挖掘），也是意志（要锻炼、要打磨），“用心”两字，最难。

南宋儒家两大宗师，陆九渊讲“立乎其大”，朱熹讲“铢积寸累”。曾国藩融合两人之言，“大处着眼，小处下手”是做事的不二法门。

总结成事公式：做事 = 诚（勤 + 慎）。

诚的意思就是不欺，诚心正意。欺骗自己多了，最终会被自己欺骗。欺骗世界多了，最终会被世界抛弃。

大局不是某个人能真正改变的，哪怕是曾国藩这样的几百年出一个的人物。大处着眼之后黯然神伤，那就转头小处着手，有一分做一分，能做一分，是一分。局面不好，要扛住，要坚持，守土有责，一分一分地做。如果很多人这么做，大局或许真的会渐渐变好，这也是无常中的有常。

阅历在世，在诸事无常、诸事不可控的前提下，渺小的个人如果想成事，能靠什么？只能靠人。人似乎最不可靠，似乎又是唯一依靠的。靠什么人？靠自己，靠一个训练有素的自己，大处着眼，小处着手，群居守口，独居守心。

成事有很多理论，但是所有的理论都有一个前提：精力旺盛、精力过人、精力持久。

做事，第一要专心。由专心到专业，然后跨界。

既能做大规划，又能做小事情。

普通人，不能懒；有才能的人，不能傲。

打硬仗，自己上，这是领导力的最终体现。一个人，扛得住，罩得住，这是一切大事的根本。因为，世界善待埋头做事的人。

德不配位，心神不宁。德高望重，顺水推舟。

老天能给一个人最大的特点，往往有正面也有负面，要尽全力保持平衡。

曾国藩希望达到的理想状态就是：节制欲望，不外袒露，自立自强，强在内心。

很多能成事的人，最终没能控制住心魔，他们错把欲望当成了志向。求名求利求权求色，是欲望。而求千古文章，求宇宙太平，求洞察人性，求天地至美，为天地立心，为生民立命，为往圣继绝学，为万世开太平，是志向。

做事情，要勇猛精进；处世间，要豁达恬淡，也就是“刚柔并济”，用平常心处世，用进取心做事。

担当大事，全在明强两字。做大事，有担当，就靠聪明和强悍。如果能做到明强，就更好了。要做到强，就要付出比别人多十倍甚至百倍的努力和辛苦。

曾国藩说君子要虚心，不是指谦虚，首先，要有一心，有主见，有方向，有坚守；其次，无成心，不固执，没有成见。有心，才能虚。

第一，认“命”。第二，干活。能做到第二点的很多，能做到第一点的不多。认“命”，不是投降，认“命”，是知道自己能做什么，然后努力去做，是谓安命。

成人的世界，万事皆难。不求胜过别人，但求胜过自己。

与稻盛和夫一样，曾国藩出身并非显赫，祖上三代是农民，进京赶考的盘缠都是宗族里凑的，做京官十几年，才还了这笔债，他内心一直有歉疚，难能可贵的是他始终保持一贯的人生价值，在当时贪腐的社会，形成一股清流。

据说曾国藩小时候，反应较慢，背功很差，有一天老师给他布置了背诵任务，让他待在家里背，他就背呀背，背了很久都背不下来。这让躲在屋梁上伺机下手的小偷烦躁不安，因为他光听都会背了，再也忍受不住长时间弓腰驼背的痛苦，于是顺着柱子跳下来，把曾国藩骂了一顿，并给他示范背诵，而后洋洋自得，扬长而去，留下小小年纪的曾国藩在原地发怔。梁启超在评价曾国藩时，用了“钝拙”两字，意为不机敏。他的成功并非天赋异禀，而是得益于他刻苦钻研、执着的精神。

立上等功，享下等福。曾国藩的一生兢兢业业，如履薄冰，严于律己，勤俭持家。他的《曾国藩家书》一直流传后世。

无论是稻盛和夫的企业经营还是曾国藩的官场人生，他们都把工作当成了“修行”，崇尚节俭，天生节制自律。

如果说曾国藩的生命动力是成“圣”，李鸿章的动力则是成功。有记载：李鸿章是曾国藩的门生，后来投戎到湘军门下，他早上喜欢睡懒觉，而曾国藩是早起，看不惯他的作风，于是早饭硬是板着脸等着他来吃，不来则不吃，逼得李鸿章只得早起，李鸿章是非常机敏之人，热衷做官，追求名利。他们虽然都曾为风雨飘摇的晚清王朝力挽狂澜，但是内心的价值观和动力是完全不一样的。

1 号的价值观：把事做好，这是他的本分。

如果你有 1 号的员工，那么恭喜你，你交给他的事情，你大可放心。

如果你的老板是 1 号，你的成长将是火箭般的速度。

我们如何与 1 号相处呢？有以下几个建议。

① 我们在与 1 号性格者相处时，要多赞美他在工作、生活等方面的高要求，最好是基于他的优点来赞美他、表扬他，尽量不要反驳，要表示认可。这样就比较容易与 1 号有共同语言。

② 与 1 号类型交往，你要倾听他的意见，注意他的态度。

③ 因为 1 号的批评性意见比较多，所以我们要鼓励他们多关注正面的信息，多看看积极的方面。另外，和 1 号沟通要讲理性，要分析，要有证据，而不能凭感觉，不能过多地谈个人好恶。

④ 和 1 号打交道，要给对方指出方向和使命，这样他会乐于接受，容易

认可，会让他觉得你是在替他考虑，是关心他。

⑤ 如果对方是你的客户，你在与他见面的时候，最好要穿戴整齐，整洁大方，这样他才会给人留下好印象。因为他比较注意细节，所以你在细节方面也要多花一点工夫。

⑥ 不要和 1 号性格者随意开玩笑，尤其是那种不知轻重的玩笑，否则弄不好，容易自讨没趣。

如果你是 1 号，你需要成长的点：

① 凡事多换几条思路，多从几个角度来思考，避免走进思维的死胡同。

② 在人际关系上，不要那么苛求自己，不要随意批评人。赞美和笑脸能融化一切坚冰，这会让你更讨人喜欢，而不是冰冷、拒人于千里之外的样子。

③ 你在日常生活中，应该活跃一点，拿出激情来，要敢于表现。

④ 你放轻松一点，多给自己找点开心，多看看问题的正面，少看负面，多往好处想，少往坏处想，与别人要多一些沟通。不沟通，压抑的情绪无法得到疏解，负面的情绪积累得太多，会走向固执和偏执。

⑤ 要学会处理愤怒，放下对人的防备心理，放下对人和事的偏见，多听听别人的意见，学会以开放的心灵来接纳生活中的一切。

2 号领导力

Helper 助人型 /Giver 给予者

★ 简单介绍：敏锐地看到别人的需要，却很少表达自己的需要。2 号性格的人最渴望被爱，他们会处处帮助别人，在别人的赞赏中，找到被爱的感觉。他们的占有欲亦很强，不自觉地喜欢控制别人。

★ 其他称谓：给予者、帮助者、爱给予者、雪中送炭者、奉献型、助人型、爱心大使、守护天使、王位背后的力量。

★ 行为动机：渴望被爱，被人感激和认同，他们善解人意，有同情心，他们热情地去满足他人的需要，而又希望不被察觉。

★ 潜在恐惧：害怕孤独和不被喜爱。

★ 潜在渴望：被关怀、爱护。

2 号领导力：长孙皇后是怎么修炼成千古一后的

贤哉长孙，母仪何伟！

长孙皇后，一个堪称完美的女人。她是唐太宗的贤内助，却不曾在青史上留名，仅仅留得一个令人追忆、引人遐思的名号“文德圣皇后长孙氏”。

她在 13 岁时嫁给了李世民，在唐朝建立后被封为秦王妃，与李世民同生死共患难，为李世民提供了心灵上的支持，同时也对“贞观之治”产生了巨大的影响，人们称她为千古第一贤后。

她被后人津津乐道的一件事是针对魏徵劝谏。魏徵，历史上有名的诤臣，为人正直，他的敢于劝谏与唐太宗的虚心纳谏在青史上留下了美名。

魏徵总是触犯龙颜，当面直言规劝，这使得唐太宗对他又爱又恨。有一次上朝，唐太宗被魏徵惹火了，回到后宫气势汹汹地说要杀死魏徵这个乡巴佬。

长孙皇后听见了，悄悄退入内室，穿上庄严肃穆的朝服，向太宗行大礼。太宗忙问缘由，皇后说：“我听说君主圣明，臣子们就忠诚。现在陛下圣明，所以魏徵能够直言劝谏。我因能在您这圣明之君的后宫而感到庆幸，怎么能不向您祝贺呢？”长孙皇后的智慧，由此可见一斑。

皇帝自古多风流，后宫佳丽三千，长孙皇后不仅不吃醋，反而照顾有加，李世民要是看上谁了，没关系，我给你娶回来。你要是在外面有孩子，不打紧，我给你养。你要是跟哪个妃子闹矛盾了，我去替你劝和。

长孙皇后的贤淑不仅仅体现在后宫中，她在玄武门之变中也扮演着极其重要的角色。众所周知，玄武门之变对于唐太宗可以说是最重要的一个时刻，成王败寇在此一举。

胜，则成为太子，登基可期；败，则身首异处，被贬为叛逆。

长孙皇后在“玄武门之变”前，尽心尽力侍奉当时的唐高祖李渊，同时与李渊的后宫打好关系，借此维护唐王李世民的形象，使得妃嫔们不会因受到太子李建成的贿赂而在李渊耳边吹枕边风。

她英年早逝，三十几岁就去世了，她为李世民生下7个儿女，平均两年生一个孩子，短暂的生命里不是在怀孕，就是在哺乳。她的一生是忘我地付出，隐忍克制本分，兢兢业业做好皇后，对她来说，皇后更像是一种职业，她完美地胜任这个后宫“CEO”，如果非要打个分，可以打个99分，那缺失的1分就是没有好好地爱自己。

也许是操劳过度导致灯枯油尽，也许是她的心真的太累了，还没来得及享受就香消玉殒。如果说爱是她管理的工具，她的目的也达到了，无论是后宫嫔妃，还是李世民，都对她念念不忘。她活成了李世民心里的圣洁月光，不可触碰的痛。

与此同时，我想到了另一位皇后：朱元璋的妻子大脚马皇后。他们的经历何其相似，一生似乎都在牺牲奉献，为他人的需求而活着。

除了历史时代的原因，我想跟她们的性格也有很大的关系。

像李世民和朱元璋这种大男子主义者，他们都不会欣赏武则天、吕雉那样的皇后，他们喜欢的是温柔贤惠，一切围着他们转的贴心人。

男人通过征服世界来征服女人，而她们通过征服男人来征服这个世界，你赢，我陪你君临天下；你输，我伴你东山再起！

我把这类型的人称为2号领导力：无条件地付出，你的成功就是我最大的成就。如果人跟对了，也能赢得自己的一片天地。

可惜，现实往往不遂人愿。我认识多年的一个姐姐，她聪明能干，为了老公的事业，回归家庭，洗手做羹汤，本希望相夫教子，从此琴瑟和鸣。可事与愿违，说好了给她遮风挡雨，结果发现婚后的暴风雨都是给她的。

如果身边有2号的朋友或者员工，一定要学会珍惜他们。

2号内心深处：渴望爱。只有付出爱才能得到爱，因为想要，所以付出。他们就像雷达，头顶上插了一根电线杆，能够自动搜索感知别人的需要。

我们生活中有很多2号的朋友，他们通常很善良，长了一颗圣母心，可惜总是遇人不淑，错付他人，真心喂了狗。

他们充满童心，深信助人为快乐之本，可惜很多时候太专注于满足身边的人的需求，而忘记照顾自己的需求。

造成2号感情受创的原因是当他们付出时，期望得到回报，但往往得不到任何回报，还会被人伤害。

不是所有的2号都会收获成功，他们的心酸历程，在圣人伟人这样的标签下，往往被稀释掉了。心里的苦，只有他们自己知道。

爱，直到伤害？

不，这不是爱，是自虐。

爱需要能力，更加需要智慧，智慧一定要走在善良的前面。爱是她的盔甲，亦是她的软肋。

如果你是2号性格，当你想付出时：

（1）问清楚你自己并不是想借着付出去取悦对方；

（2）不要假设你明白对方真正的需要，问清楚；

（3）征求对方的同意让你付出，不要强逼人家接受你的好意；

（4）假设你将不会得到任何回报；

（5）明白付出者不是强者，接受者也不是弱者，你们必须在接受关系中保持平起平坐。

给 2 号的建议：

（1）尊重自己的感受，跟随自己的意愿去走；

（2）将焦点从外在世界移回内在世界，不再介意别人对你的看法。

2 号领导力的最高境界：从高傲走向谦卑。

2 号看似很卑微，无条件地付出爱，是因为他们内心深处的那份高傲在支撑着他：因为你需要我，你离不开我。他们是野心家，习惯了用爱去控制一段关系。这样的爱太过沉重，容易让人窒息。

试着放下这份高傲，没有你，地球照样转，太阳照样升起。

走向谦卑，大家都是平等的。

爱有三种境界：

第一种：我爱你，是因为你对我好，我需要你（只考虑自己的感受）；

第二种：我爱你，所以我想为你做些什么（只考虑对方的感受）；

第三种：我爱你，因为我的爱成就了你。反过来，你的爱也滋养了我，我们彼此是润泽的（一致性）。

真正的爱，是让爱成为爱，爱的最高境界就是一致性。

而不是嘴巴说着没关系，心里想着我很在乎。

3 号领导力

Achiever 成就型 /Motivator 实干者

★ 简单介绍：做每一件事，都是为了获得他人的赞美和掌声，一切为了成功。3 号性格的人渴望成功，喜欢竞争及比较，善于揣摩别人的心意，善于把自己变成对方想要的样子，但又会因为太在意别人的看法，很多时候会迷失自己。

★ 其他称谓：表现者、激励者、动力激发者、事业有成者、成功追随者、促动者、实践型、成就型、实干家。

★ 行为动机：渴望事业有成，以目标为主导，重视自我形象，希望被人肯定，受人的注意和羡慕；能在每一时刻都适当地表现出应该有的反应，善于把握每个机会，务求达到成功。

★ 潜在恐惧：怕自己被人否定，怕自己的能力未被他人赏识。

★ 潜在渴望：自己的能力受到他人的赏识和认同。

3 号领导力：由崇祯的“君非亡国之君，臣皆亡国之臣”论二级反馈的重要性

明朝最后一个皇帝——崇祯，也就是明思宗朱由检，16 岁登基，在位 17 年，一生勤于政事，厉行节约，以身作则，就连上朝的龙袍都是打了好多补丁，穿了又穿。

他是一个好皇帝，奈何天命如此，他上台接手的是一个破败的王朝，风

雨飘摇，内忧外患，又有蝗灾。如果没有自然灾难，说不定崇祯真的能够力挽狂澜，可惜天命不向着他，他尽力了，最后吊死在煤山。

他死后，人们在崇祯身上，发现了他的遗诏："朕凉德藐躬，上干天咎，致逆贼直逼京师，皆诸臣误朕。朕死，无面目见祖宗，自去冠冕，以发覆面，任贼分裂，无伤百姓一人。"

至死，他都不忘埋怨臣子们误国，此前，刚愎自用的他曾跟太监说："臣皆亡国之臣……文臣个个可杀。"

然而对于北京城内的黎民百姓，他却表达了深深的同情，并在遗书中恳求李自成，不要屠城报复，希望李自成能给老百姓们一条活路。

在即将亡国的前一夜，他命令内官敲钟召集百官，钟声响了一遍又一遍，前殿却始终空荡荡，臣子们没有一人前来。

在生命的最后一夜，他大开杀戒，命周皇后、贵妃自杀殉国，又去刺死了自己的小公主，砍伤了大女儿长平公主，还刺伤了好几个妃子。皇后临死前对崇祯说："我侍奉皇帝 18 年了，你从来不肯听别人一句话，才会有今天。"

崇祯默然无语。

以上都是《明史》记载的真实情况。

历史学家克罗齐说：一切开始都是当代史，历史在变，而人性永存。以史为鉴，可以明智。透过历史人物，来分析九型人格领导力，也许对我们有所启发。

崇祯皇帝这样的领导者，心中有爱，目中无人，刚愎自用。他一生下了 7 次罪己诏，是历代皇帝中最多的，上朝的时候，说起战事，就一把鼻涕一把眼泪，他不但批评自己，还批评文武百官。

君非亡国之君，臣皆亡国之臣。我想这就是他的盲点象限。

他不信任那些文武百官，觉得这个自私，那个贪心，所有的奏折都自己亲自批，每天兢兢业业，就连最得力的武将袁崇焕，都不善用，中了反间计，最后冤死斩首，后来那些事被金庸写成了《碧血剑》。

打仗需要花钱，大臣不肯出，除非皇帝出私房钱，每次吵架，他就无言以对，他是真的没钱，可惜人家不信，你是皇帝，你怎么可能没钱？

然后，他就给那些将士们画大饼，时间一久，军心就涣散了。

作为帝国的最高统治者、管理者，他都不懂得管理的本质：通过别人完成任务，也不懂得与大臣（员工）打造一致性。管理之父杰克·韦尔奇说：抓住一切机会打造一致性。管理员工，并不是上级控制下级，而是双向沟通达成一致性。

试想一下：如果一家公司的员工私欲都很重，只顾自己的利益，不顾公司的前程，你觉得这家公司能长远发展吗？

史书记载崇祯皇帝性格急躁，听不进别人的建议，又天性多疑，就连同床共枕的皇后都不敢多嘴一句，可想那些大臣有多憋屈？

反正我的建议也没用，我提了你也不会听，搞不好还要劈头盖脸被骂一顿，干脆我就不说，明哲保身。你觉得自己什么都能干，那干脆你自己干得了。

有功，没钱赏。

有过，却要罚。

那我凭什么给你干？

他已经不知不觉地沦为孤家寡人。

大厦将倾，树倒猢狲散。紫禁城不攻自破，大臣们都出来迎接李自成。

勤奋节俭，为他人考虑，可总是事与愿违？身边的人才留不住，忠诚的员工又嫌这笨，嫌那蠢，每天都在忙着打补丁，干着重要又紧急的事情，自编自导自演，稍有不慎，就万劫不复，没人分担。把责任都往身上扛，团队更像是自己的假肢，使不上劲儿。透支地付出，只能不停地批评抱怨。

7次罪己诏，足以说明崇祯是一个懂得反省的人，九型人格的3号很愿意自我反省，但是灵魂通常不觉醒，成长的过程是反反复复，容易给人喜怒无常的印象。

总是抱怨自己的员工不好，心理学上说：我们不要说自己遇见了什么样的人，而是我们遇见的人通常都表现了怎样的一面给我们。

别人怎么对你，都是你教的！

没有不好的员工，只有不会管理的领导者！

贪心是人的本性，朱元璋在位期间杀了15万名贪官，把官都杀没了，也没去掉贪性。

像海瑞这样的道德模范，固然钦佩，但是有道德洁癖的人是很难跟人相处的，更别提政治改革。

3号领导者做事认真，追求目标，眼里揉不得沙子，对员工没有容错率，导致员工做事畏畏缩缩，生怕做错。

时间久了，员工就失去能动性，能力强的可能选择辞职，能力弱的被PUA（Pick-up Artist）得麻木了。

领导力的本质是与员工建立尊重和信任。

尊重和信任，来自真诚的沟通。

3号领导者通常，只有沟，没有通。

没有授权和信任，员工就没有价值感，无望伴随而来的就是无力。

领导力的核心是关键的时刻给予关键的肯定。

《可复制的领导力》提到三种反馈：

零级反馈：从来没有赞美鼓励，甚至只有抱怨指责批评。

一级反馈：只有赞美，不讲原因。

二级反馈是一种赞美肯定的方法，并且告诉他赞美的原因是什么。给员工、给家人幸福的感觉，给他们力量，就连负面反馈如果用 BIC 方法，也会形成一种正向能量。

如何与 3 号相处：

（1）欣赏他的能力及价值；

（2）跟他谈话正向积极，不要“泼冷水”；

（3）沟通要直切主题；

（4）给 3 号留面子，如果有建议，请私下提；

（5）告诉他，即便什么也不做，你也一样爱他。

如何激发 3 号的领导力：

（1）3 号确信自己的能力，是速效专家，容易忽视细节、缺少策略；

（2）3 号是追求认可的，如果感觉自己做的事情没有价值，对工作就提不起兴趣和信心了。激励 3 号，不妨换个方式“你做得很好，但是这样你看是不是更好呢”，这样效果更佳哦！

性格带来的强大惯性，一时半刻改不了，除非看到自己的盲点象限，业力受限，用愿力去突破。

1 号是完美主义者，眼里揉不得沙子，即使你做了 99 分，他看到的是 1 分的不满意。

3 号是成就者，眼里只有目标和结果，忽略他人的感受，甚至也忽略自己的感受，容易形成指责型人格。

6 号是怀疑者，任何事情在他眼里都要带着挑剔的眼光先怀疑一番。

8 号的人面临冲突本能的愤怒，一言不合就开骂干架，员工如履薄冰，战战兢兢。

9号的人遇到事情容易逃避，每个型号都有自己的盲区，也有自己的闪光点。

一切的改变都从自我接纳开始，一切的疗愈始于看见自己。

工作是修行，家庭也是我们修行的场所。

孩子是父母的“复印件”，“复印件”如果有问题，一定是“原件”有问题。

我有时候也会困惑，中国传统文化源远流长，教我们仁义礼智信，却不教我们如何爱自己。

一个人只有学会爱自己，才会有高自尊，自尊才会自律，自律带来自由。

我在养育孩子的过程中，我是用爱和温柔去对待孩子，我从来没有对孩子发过火，我身边的人和婆婆都觉得我会纵容孩子，孩子尿床就得打，不打不成器。其实我觉得引导才是最重要的，樊登老师说，“温柔但是有边界”。

温柔但是有边界。说得多么好。

对2号性格来说，温柔容易，边界却很难，因为她自己都是一个没有边界的人。

对8号性格来说，边界容易，我的地盘我做主，神圣不可侵犯。温柔却很难，柔就意味着示弱，没有力量。

《论语》讲中庸之道，不偏不倚。我们终其一生修炼的就是这个度，这个度就是智慧。

我们要做一个真诚的人，儒家说内圣外王，我不敢奢想达到这样的境界，我只想做个内外一致的人。处理任何事情都真诚地去沟通，而不是带着情绪，带着疑惑，带着戒备。

4 号领导力

Individualist 自我型 /Tragic Romantic 悲情浪漫者

★ 简单介绍：只要对某件事有深刻感受，就会沉溺在那种情绪中，不断回味个中的感受。4 号性格的人渴望与众不同，他们多愁善感，经常觉得孤独。他们很想寻觅自己的身份认同，爱情和美感对他们很重要。

★ 其他称谓：悲情的浪漫主义者、个人主义者、时髦主义者、自我风格者、现实生活的旁观者、创意者。

★ 行为动机：渴望自我了解，渴望他们的内心感受能被人认同，喜欢我行我素；不媚俗，感情丰富，思想浪漫有创意，拥有敏锐的触觉和审美的眼光。

★ 潜在恐惧：害怕感觉到生命中仍有不足之处，情感世界仍有缺陷。

★ 潜在渴望：能更深入地自我了解，看透人生。

4 号领导力：李后主是个好词人，却不是一个好皇帝

学习 4 号的最好方法是去体验一下真正的 4 号。

你可以读一读南唐后主李煜的诗，念一念李清照的词，翻一翻三毛的小说，看一看张国荣的电影。当然，如果你身边有 4 号的人，你可以试着去走进他的内心世界。

如果你是 4 号：请记得体验自己的呼吸，感受自己的脚踏实地，要知道你的每一个当下都是如此的真实。

4 号性格最好的地方，是他的真实、敏锐、深刻，始终追求自己的理想。

4 号性格最糟糕的地方，是他常常陷入情绪不能自拔，走进虚幻而不面对现实。

说实话，4 号是最不适合做领导者的一个型号，我找了很多资料，4 号里面才华横溢的艺术家、诗人很多，成功的领导者却不多。

我对这个型号是有偏好的，虽然他们不是那颗耀眼的星星，干不出惊天地泣鬼神的大事业，但他们本身的天赋才华就足以超越众人。

春花秋月何时了？往事知多少。小楼昨夜又东风，故国不堪回首月明中。

雕栏玉砌应犹在，只是朱颜改。问君能有几多愁？恰似一江春水向东流。

第一次知道李煜，是因为这首词，那年我才上初中，隐隐约约地感觉他是个好词人，却不是个好皇帝。相信很多人第一反应也是：他是个不想当皇帝的诗人。

人的一生有很多无奈，用这两个字来形容他一点都不为过，虽是南唐后主，生在帝王之家，还有佳人在侧，有权有势有美人，可惜到头来成了亡国之君，中年丧妻丧子，落得个国破家亡，最后还眼睁睁地看着第二任妻子遭侮辱，有种无奈到极致的悲哀。

李煜，是南唐中主的第六个儿子，皇位再怎么样都轮不到他，他只需安心地做他的闲散王爷，学习琴棋书画即可，逍遥自在过一生。可惜，大哥死了，叔叔死了，前面的几个哥哥也过世了，一夜之间，从老六变成了老大，他硬是被推上了那个皇位。治国安邦？不懂。行军打仗？更是一窍不通。那又如何保卫国家呢？

他知道自己做不到，于是他选择逃避，逃避到自己的诗人世界，吟诗作画，听歌赏舞。外面的刀光剑影，朝堂的暗流涌动，他都视而不见。

大臣都骂他是昏君、不作为，可是在他能力范围之内，他极尽仁政，连年征战，国库空虚，他也没加紧剥削，而是减免税收，免除徭役，与民生息。

他从来不是一个杀伐决断的君王，而是一个温柔的翩翩少年，金光闪闪的龙袍也侵蚀不了他那颗温柔善良的赤子之心。为了守住南唐，他放低身段卑躬屈膝，迎合讨好，为的是百姓免于战乱之苦。皇帝做到这程度，有多窝囊。尽管如此，赵匡胤还是不愿一国二主，一句“卧榻之侧，岂容他人酣睡”，大举进攻，逼李煜投降。

不知道幸还是不幸，他终于能以文人而非帝王的身份重生，可以天天吟诗作画了。只是不再是一个风光的少年，而是一个违命侯，多么讽刺！明明那么温柔听话的人，封他一个违命侯，意思是：你不敢听从！

心痛到不行，就用喝酒麻醉自己，麻醉不了，就将内心的痛苦写成诗词释放出来。

上天往往跟人开玩笑，想要的不给你，不想要的拼命塞给你，就看你能不能接得住。所幸，痛苦都是诗人的养分，没有刻骨铭心的锥心之痛，又哪来诗词的灵感？

他的一生写了很多诗、很多词，最著名的还是语文课本上的《相见欢》：

无言独上西楼，月如钩，寂寞梧桐深院锁清秋。

剪不断，理还乱，是离愁。别是一般滋味在心头。

读李煜的诗，实实在在是藏了一颗有血有肉的，连悲伤都认真感受的心。

说到李煜的死因，令人心酸不已。他活得太真，从头到尾，他都是那个真诚的少年，没有阴谋算计，没有尔虞我诈，待谁都是一片赤诚之心。他关在家里写下的那些词，一篇篇一句句，都在诉说着自己的亡国之痛，内心的恨与怨，又怎能让新君放心。

最终，新君赵光义在李煜 41 岁的生辰，以祝寿之名送来了一杯毒酒，天真如他，丝毫不怀疑，一饮而下，从此千古诗词的一代天才，再无声迹。他的一生可谓失败至极。

他不是一个合格的领导者，保护不了国家山河，也保护不了自己的女人。但千年后，我们还是那么怀念他，是因为他活出了4号最美好的样子，认真地活着，认真地感受这个世界，就连痛苦也那么认真地去感受。每次读到他的诗词，都能让人感动落泪。

李煜虽然没有保住江山，但因为他的词，南唐从此不朽。

生活中我认识这样的一位设计师，才华横溢，创意无限，他和几位朋友一起经营了一家以梵文化为主题的高端民宿酒店，酒店的墙上挂着设计师画的画，进去这个酒店就有一种赏心悦目的感觉，里面的每一个细节都是花了心思的，哪怕一张床单、一双拖鞋都是用的上等材料，我清晰地记得那床上的盖毯，拿来做披肩，细腻温柔。自然这个酒店的价格也不便宜，但是经营没多久，这个民宿就关了，具体原因我也不是很清楚，只是听股东讲起：他是4号性格，才华是有的，但是让他来经营酒店这个决策本身是有问题的。因为4号做一件事，本质是带着自己的情怀去做，为了达到自己理想的效果，会不计成本地投入。而不计成本的投入，未必有想象中的收获。

理想很丰满，现实很骨感。

4号领导力的盲区在于：他只有产品思维，却忽略了客户思维。

自己觉得好，就行了吗？市场会告诉你真实的答案。

只有客户觉得好，才是真的好，关键是愿意买单。这才是硬道理。

所以，如果你有4号的员工，发挥他的天赋才华，参与设计与创作都没有问题，但是不要轻易让他参与运营管理。不是当个CEO或者董事长就叫领导力，真正的领导力是把自己放在最合适的位置，发挥自己的才华，给企业创造最大的价值，《素书》有云：失其所强者弱。

5 号领导力

Thinker 思想型 /Observer 观察者

★ 简单介绍：善于分析，喜爱寻根究底，强调思想重于行为。5 号性格的人看这个世界是充满奥秘，他们最喜欢远离人群，观察和解构事物，不怕孤独，亦不喜欢有情绪。

★ 其他称谓：观察者、私密主义者、资料收集者、科学家、思想家、哲学家理智型、专家、导师、爱知识。

★ 行为动机：渴望比别人知道得多，懂得快；喜欢运用自己的智能和理论去驾驭他人；他们冷静，机智，分析力强，好学不倦，善于有理性、有逻辑地去处理问题，并将情感抽离，不喜欢自己的空间被打扰。

★ 潜在恐惧：怕被人取代和驾驭，怕对身边的事物感到无知和束手无策。

★ 潜在渴望：洞悉天下事。

5 号领导力：诸葛亮智谋算尽，却始终算不过天数

夫君子之行，静以修身，俭以养德。非淡泊无以明志，非宁静无以致远。夫学须静也，才须学也，非学无以广才，非志无以成学。淫慢则不能励精，险躁则不能治性。年与时驰，意与日去，遂成枯落，多不接世，悲守穷庐，将复何及！

这是诸葛亮的家训，从中可见一种志存高远的人生观与淡泊宁静的价

值观。

诸葛亮，字孔明，号卧龙，家喻户晓，上晓天象，下通地理，善遁甲，被人们视为智慧的化身。在三国那个群雄争霸的年代，他在某种程度上改变了三国的走势。

《三国志·诸葛亮传》载：“诸葛亮之为相国也，抚百姓，示仪轨，约官职，从权制，开诚心，布公道。”“科教严明，赏罚必信，无恶不惩，无善不显。至于吏不容奸，人怀自厉，道不拾遗，强不侵弱，风化肃然也”。在乱纷纷、闹哄哄的汉末，蜀汉竟然是一片桃源世界、盛世乐土。

他的一生践行了“鞠躬尽瘁，死而后已”，他所受的三顾恩情，是很多士人不曾有过的礼遇，能够被赏识得以发挥自己的才华，他是多么幸运。所以他所做的一切努力，都是为了报答恩情。受人滴水之恩，当涌泉相报，刘阿斗再怎么扶不起，他也要一心一意去扶，刘备在白帝城托孤，说了些掏心窝子的话：若嗣子可辅，则辅之，如其不才，君可自为成都之王。诸葛亮虽有这能力，但他更深知，在“君君、臣臣、父父、子子”的时代，如果真的那样，不仅会遭手下人的唾骂甚至围剿，更会丢下千古骂名。逆时代洪流的，自古就没个好下场。站得高，看得远，道理很多人都晓得，可做到的自古就屈指可数。

他的那份清醒，使他能够控制自己的欲望，严格来说压根就没有太多名利的追求，心底无私天地宽。

即使北伐，明知不可为而为之，那是不得不做出的选择。在北伐中，他发明了木牛流马，《三国演义》中他还导演了一场史无前例的空城计，这是他以弱胜强的军事思想，也体现了他的智慧。

从九型人格的角度来分析，诸葛亮属于 5 号领导力。

5 号的核心需求：渴望全知。

行为习惯：学习能力强，思考能力强，喜欢分析，刨根问底思维专注深入，欠缺行动力。

情绪习惯：屏蔽情绪，冷静，平静，超理智，怕被探隐私。

思维习惯：一切都要合理，情感分析难以预测，我需要拥有自己的空间。

作为诸葛亮的对手，司马懿曾这样评价诸葛亮："智大而不见机，多谋而少决，好兵而无权。"什么意思呢？诸葛亮虽然有大智慧，但是却抓不住机遇，虽然有谋略，但是优柔寡断，不懂得变通；虽然喜爱用兵，但是不懂得临阵权变，这句话可谓十分精确地概括了诸葛亮的缺点。人无完人，成也性格，败也性格。诸葛一生唯谨慎，倒不如说他事事要考虑周全。

5号领导力的魅力：他是思考型的战略规划师，精于研究和布局，但是不善于团队合作。他为了周全，习惯了亲力亲为，总是奔赴在一线，而团队却没有得到很好的成长。

企业管理，最重要的能力是培养人才的能力。

失街亭后，诸葛亮挥泪斩马谡，后期团队根本无人可用。

作为领导者，你可以会所有的事，但不能做所有的事。

在生活中，5号类型的领导者其实是不多的，但在科学界、数学界，5号领导者比比皆是。大名鼎鼎的科学家牛顿、爱因斯坦、居里夫人，都是5号。他们是为了追求真理才来到这个世界。

5号领导力的提升方向：

你需要觉察被理性掩盖下的职业兴趣，要寻找一种可能的方法，建立自己与现实生活之间的联系。从城堡中走出来与他人一起进行自我定位和探索，学会询问身边人的反馈以及分享你的真实想法。

你要保持的工作优势：

（1）非常专注，能够长期刻苦钻研；

（2）善做分析、归纳、提炼工作，能产生有价值的创意和方案；

（3）很适合担任顾问或老师的工作；

（4）能够独自有效的工作。

你要规避的工作劣势：

（1）过于谨慎导致成为思想巨人和行动侏儒；

（2）凡事都爱讲理论，不注重人际情感交流，处理人和事有困难。

如何修炼提升自己：

（1）要留意你的思维和思考，常常会令你抽离于你目前的生活。你可能智慧超常，但如果你没有把它用在自己或者其他人身上，智慧就成了你的障碍。应当用你的学识来解决实际生活中的问题。

（2）你易于极度紧张，生活的弦绷得太紧，以至于很难放松。锻炼或机能上的运作有助于释放你巨大的能量。沉思、慢跑、瑜伽、跳舞对你特别适合。

（3）留意到自己难以信任他人，不愿敞开自己的情感世界，不愿让别人以各种方式接近自己。对人际关系中潜在的麻烦很警觉，要记住的是，与他人产生冲突并不罕见，不要一个人躲起来拒绝与人接触。

切记：你要尽快地把“想”变成“行动”，多些感性的力量。

6号领导力

Questioner 质问型 /Team player 忠诚者

★ 简单介绍：担心事情会出错，经常预备好应变计划，以防问题真的发生。6号性格的人很易忧心和敏感，危机意识很强，会做最坏的打算，最好的准备，亦很忠于自己的团队和亲人。

★ 其他称谓：怀疑论者、危机主义者、警觉型。

★ 行为动机：恐惧型（6A）：渴望受到保护和关怀，他们为人忠心耿耿，但多疑过虑；他们怕出风头，怕生事端，怕自己力不从心，怕人口是心非，怕事与愿违。反恐惧型（6B）：为证明自己不怕而做出相反的行为，他们有先发制人、后发受制于人的行为心态。

★ 潜在恐惧：怕被遗弃和受到孤立，对人和事缺乏安全感。

★ 潜在渴望：希望感到安定和受保护。

6 号领导力：曹操“宁教我负天下人”的辩证性思维

曹操是一代军事家、政治家、文学家。一说到曹操，有人评价他是政治的巨人，道德的矮子。

很多人会想到他那句“宁教我负天下人，休教天下人负我”，觉得他是一个自私的人。

他在什么情况下说出这句话？

《三国演义》里的记载：曹操被董卓追杀，到自己的好朋友吕伯奢家投宿，但是朋友出去买酒菜却许久没有回来，曹操又在无意中听见吕伯奢家人说：“捆起来杀掉怎么样？”这对于生性多疑的曹操来说，他以为自己的好朋友要对自己下手，于是便先下手为强，杀了吕伯奢的全家。路上正好遇见吕伯奢买酒归来，曹操才知道自己误会了，怕他报官，干脆又杀掉了吕伯奢。陈宫知道了责备曹操无情残忍，曹操便说“宁教我负天下人，休教天下人负我”。

历史对曹操的评价褒贬不一，比较客观的评价：“子治世之能臣，乱世之奸雄。”

作为一个领导者，曹操无疑是成功的。

从九型人格心理学角度来分析：他属于6号领导者，也叫怀疑者，生性多疑。内心的黑洞是：恐惧。当他面临巨大的恐惧的时候，他本能的选择是先下手为强。

当时是逃难，人处于极度不安的状态下犯的一个错误。我觉得这句话也是针对吕伯奢家说的，是无奈之举，并不是对天下人说的。从后来曹操对关羽的欣赏成全来看，曹操并非刻薄自私之人。

他出身卑微，能够成为一代枭雄，跟他的性格密不可分，6号领导者心思非常缜密，步步为营，有勇有谋，城府比较深。

曹操“挟天子以令诸侯”，除了缺一个皇帝的名分，他已经拥有了皇帝所拥有的一切，关于他为何在世的时候不称帝，史学家众说纷纭。

他也曾蠢蠢欲动，三番两次试探士族，曹操之所以是曹操，就在于他最后一刻的冷静与自制，最终还是忍住了。

要论批判性思维，曹操是鼻祖。

批判性思维不是任凭各种诱惑的摆布，不是轻易受情感、贪欲、无关因素、愚蠢偏见等的干扰；批判性思维的目标在于做出明智的决定、得出正确的结论。

曹操一开始给自己的人设是忠心爱国，随着后来势力的不断壮大，野心欲望也跟着膨胀起来，他无时无刻不想着称帝。但现实的种种桎梏约束着他，无论是拥汉派士族前仆后继地刺杀，还是刘备和孙权的虎视眈眈，抑或自身残存的一点对于大汉王朝的内疚，以上种种，都在妨碍着他迈出最后一步。

就在临死前一年（219年），当37岁的孙权给他来信劝他称帝的时候，曹操先是很得意，把孙权的信传示给“内外群臣”观看，于是，手下们又趁机鼓噪。

但最后曹操还是忍住了，表现出来的状态是：宁可错过，也不要犯错。

性格决定命运。后来的袁世凯就没有曹操的那份清醒，他不顾儿子袁克定的劝阻，宁可冒天下之大不韪也要复辟称帝，登基不到一个月便下台，成了历史的笑话。

作为一个帝国的掌舵者，每一个决定都关乎老百姓的生死存亡。

作为一个领导者，面临企业的转折、选择以及各种诱惑，都需要具备批判性思维。

批判性思维也分成了三个层级：

第一层叫无意识，处于这一层的人，他们大多不会思考，只会受情绪和欲望的摆布；

第二层叫批判他人，处于这一层的人，他们有一定的评判标准，但只会用自己的标准批判别人；

第三层叫批判自我，这是批判性思维的最高层级，处于这一层的人，他们会反思自己的思维，他们的批判不仅指向别人，更是指向自己。

从心理学上来分析：第一层是不健康层次，第二层是一般层次，第三层是健康层次，也是自我完善、升华发展的方向。

对照一下自己，目前处于哪个层次？

自从互联网信息透明化，诞生了很多吃瓜群众，看到这个明星出事，那个名人出状况，他们不管三七二十一，先扑上去一顿狠批，也有些公众号为了博热点蹭流量，无所不用其极，就带着自己的观点先入为主。

人跟动物的区别，就是人有独立思考的能力，但很多人自己放弃了这项权利。

我老公非常喜欢曹操这个人物，而我喜欢关羽，从某个程度来说我们惺惺相惜。

有人专为九型人格做过调查，是不是9种型号的人是平均分配的？

答案不是的，性格跟我们的基因文化有关。中华民族是农耕文化，以勤劳节俭为荣，所以3号性格人群最多，其次是6号性格，先祖们要生存下来，要出去打猎，跟狮子老虎做斗争，我们的基因里就有着谨慎、不安全感的因子。

居安思危，运筹帷幄才能决胜于千里之外。

论权谋，6号领导力当居第一。

生活中，很多6号领导者，喜怒不形于色，善于揣测，有什么想法不直接说出来，习惯质问，喜欢试探。他喜欢忠诚的员工，最恨耍滑使小聪明。

当年杨修是怎么死的？他太聪明了，曹操刚说了上半句，杨修就猜到了下半句。曹操选自己的接班人，在想选曹丕还是曹植，经常出题考验试探两人。杨修故意把考题提前泄露给曹植，而这些小事累积到一定程度就开始发酵，最后曹操找了个理由就把杨修杀了。

跟6号领导的沟通模式：旁敲侧击

6号是属于庸人自扰的一群，他们常常质疑自我能力并焦虑别人在忙些什么。在人际交往中，他们十分担心自己会被利用、被抛弃。为了避免这种情况的发生，6号有着极高的警惕性，他们不停地防备真正或假想的威胁，挖掘表面下进行的一切。因为他们坚信，隐藏的动机和未说出口的议题，才是真正驱动言行的因子。总是未雨绸缪，做好一切防范。

然而，尽管他们的内心充满了担忧，但他们往往不会在外表上表现出来，而是会以随和且温馨怀柔的态度，以旁敲侧击的方式去试探他人的反应，探知他人的真实意图。

我们在与6号沟通时，要尽量坦诚相待，不要耍什么小心眼，不要兜圈子，内容要符合实际。因为6号特别敏感，很容易察觉到你隐藏的动机和意义。也不要去赞美6号，因为他们是多疑的，很难相信你对他们的赞美；也不要讥笑或批评他们的多疑，这会使他们缺乏自信。总之，你要保持你的一致性，言行一致，不要变来变去，这样6号领导自然会对你产生信任。

因为3号，这个世界变得美好；因为6号，这个世界变得安全。

一个公司，一个组织，都需要这样的人才。

一个唱白脸，一个唱黑脸，恩威并施，这就是平衡的艺术。

我在参加九型人格工作坊发现，中国式家庭很多是3号和6号的组合。

3号感性冲动，6号理性谨慎，他们水火不相容，矛盾重重。如果3号给6号多一分耐心，6号给3号多一分信任，彼此的关系就会更融洽。

但恰恰，3号最缺的是耐心，而6号最缺的是信任。这就是我们要做的功课。

九型人格，从来不是搞定别人的工具，而是用来觉察自己的工具，指导我们的工作。

透过历史，来观察曹操的行为动机，他在那个时代有历史的局限性，我们要做的不是去评判他是真英雄还是奸雄，而是要学习他的批判性思维，三思而后行。

7号领导力

Cheerer 欢乐型 /Eathusiast 娱乐者

★ 简单介绍：觉得这个世界充满刺激、好玩，要让自己的生命充满乐趣。7号性格的人追求的是快乐，他们喜欢新鲜和创意，最怕沉闷和规范，遇到痛苦会尽量逃避。

★ 其他称谓：享乐主义者、自恋者、计划者、乐观主义者、活跃型、杂家、想象家。

★ 行为动机：他们活泼开朗，精力充沛，兴趣广泛，时常想办法去满足自己想要的；爱玩，贪新鲜而怕做承诺，渴望拥有更多，倾向逃避烦恼、痛苦和焦虑。

★ 潜在恐惧：怕自己的空间和时间被占用，怕受人制约。

★ 潜在渴望：能开开心心，无拘无束地去寻找乐趣。

7 号领导力：论周伯通左右互搏的创新思维

金庸小说里面有个经典的角色——周伯通，相信大家并不陌生，神龙见首不见尾，一生放荡不羁。他蛮横如牛，却不乏可爱仗义的一面，在武功方面的造诣更是登峰造极，他究竟是一个怎样的人呢？

我们从九型人格的性格特征、情感经历，以及价值观多个维度深入解读，首先从九型人格的角度来分析，他是属于典型的 7 号领导力。

老顽童是王重阳的师弟，他们一起创立了全真教，王重阳死后将九阴真经交给老顽童，他被黄药师邀请到桃花岛做客，实际是被囚禁在桃花岛数十年，他自娱自乐在山洞之中悟出左右互搏术，跟郭靖那种依靠前辈武学苦苦修炼不同，他这些都是依靠自己的武学天分钻研出来的上乘武学。

7 号领导力的魅力在于，他满脑子都是新点子，虽然有时候天马行空，但是创意很多，在企业发展中总能找到一条创新的独特之路。

在性格方面，周伯通似乎是一个长不大的孩子，他贪玩，好热闹，他任性蛮横，也正是因为有周伯通的存在，才使得《射雕英雄传》更为有意义。

在感情方面，周伯通对瑛姑一直是逃避的，对段王爷充满愧疚，而段王爷因为要参加华山论剑最终没有救周伯通与瑛姑的孩子，心生愧疚选择断发为僧，最后成为一灯大师。剧情的最后，三人冰释前嫌，一起修行养老，也是一段佳话。

世人对 7 号有太多的误解，觉得他们玩世不恭，贪玩，不靠谱。我们来了解下 7 号的内在逻辑，他们是所有性格当中最渴望自山的一种人，最害怕当下只有一种选择，害怕沉闷，害怕无聊，害怕重复，所以喜欢体验各种新鲜事物，做很多决定，但是往往虎头蛇尾。与 3 号虎头蛇尾不同的是，3 号是因为看不到结果而放弃，而 7 号是觉得没有新鲜感了，他们的生命是充满热力的，需要不同的事物去填满自己的生命。

沃尔特·迪士尼本人也是一个 7 号领导者，他的名字就是一种梦想的象征，他创造了卡通人物米老鼠。他小时候被妈妈关在家里的时候，他觉得老鼠长得不好看，于是自己拿着画笔画一只可爱的老鼠出来。后来他制作了电影史上第一部完整的动画影片，因此也被称为米老鼠之父。他创建了迪士尼主题公园，组建了现代化多媒体公司，年收入达 250 亿美元，一切都从一只老鼠开始。

如果你身边有 7 号的员工，一定要记得发挥他们的长处，他们通常是创意总监，但是他们不适合做管理，因为怕麻烦。

他们性格的优势在于：

（1）开朗的性格非常适合活跃气氛，能给人们带来欢乐；

（2）敢于冒险，敢于行动。说做就做就是他们；

（3）拥有广泛的兴趣，涉及面很广，各个话题都能切入进去；

（4）善于交朋友，是优秀的公关人员；

（5）抗挫折能力强，具有旺盛的生命力；

（6）自愈能力最强。

但是我们也要了解 7 号性格的盲区和局限性：

（1）会有过度自恋的倾向，常常觉得自己无所不能；

（2）做事情会把自己的行为面铺得很宽，但很难深入思考；

（3）常抱着盲目乐观的态度看待四周，难以看到实质性的问题和真正的困难；

（4）难以注意他人的感受，关注点总是在玩乐的事情上；

（5）不喜欢承受压力和痛苦，会用享乐来逃避；

（6）如果发生错误，常常推卸责任，把自己的过错合理化。

8 号领导力

Boss 老板型 /Leader 领袖者

★ 简单介绍：有强势外表，有意无意给人压迫感，内在脆弱却不为人知。8 号性格的人，核心的渴望是成为强者，带领和保护身边的人，他们爱恨分明，坦白直接，讨厌别人软弱。

★ 其他称谓：领导者、保护者、指挥者、挑战者、支配型、大企业家。

★ 行为动机：他们渴望在社会和人群中有作为，他们个性冲动，权威自信，他们有正义感，自强不息，爱出风头，喜欢替人做主，但怕被人发现自己弱小的一面，他们不屈服于人，不喜欢被人嘲笑。

★ 潜在恐惧：怕被人支配和指挥。

★ 潜在渴望：自己当家做主。

8 号领导力李云龙：亮剑精神

面对强大的对手明知不敌也要毅然亮剑，即使倒下也要成为一座山、一道岭，这便是亮剑精神，也是李云龙的一生写照。

李云龙性格非常鲜明。没有什么文化，性格粗暴；极为豪迈，善于指挥，拥有超乎常人的作战想象力；直率，粗糙，无掩饰；身经百战，性情暴烈，在拼杀中，在为战友之死的复仇中，表现出一种铁血军人；不计生死，要压倒一切的霸气；有一颗赤子之心。他的部队在他的带领下，也不畏生死，勇往直前，打了一个又一个胜仗。

我想看过电视剧《亮剑》的人，都会被李云龙那种精神所折服。亮剑精神是一种相互配合、团队协作的精神。剧中李云龙说过：一只蚂蚁尚且可以改变天平的方向，何况我们把这么多只蚂蚁的力量凝聚在一个点上，这将爆出怎样的力量？

力量，追求强大，害怕脆弱，就是典型的 8 号领导力。

性格决定命运。从九型人格的角度来分析，李云龙是 8 号性格，他天生自带领袖气质，善于营造氛围，敢想敢要敢得到，要做就做强者，即使是死，也要死在冲锋的路上。

剧中有一段话，我印象特别深刻，李云龙对他的士兵说：我最喜欢狼，它又凶又狡猾，尤其是群狼更可怕，就连老虎见了都要怕三分。我希望我的部下们也都变成狼，一群有着共同信念的群狼。

狼属于九型里面的 6B 性格，而狮子是 8 号性格，在大草原上，狼往往是狮子最强劲的对手。我想起电影《让子弹飞》的张牧之与黄四狼，他们两人的性格特征也很鲜明，也是一场 6B（周润发饰演的黄四郎）与 8 号（姜文饰演的张牧之）的对手戏。

论谋略、论心机，6B 往往更胜一筹。

而 8 号之所以最后取得胜利，大快人心，往往是他的那股义气，路见不平一声吼，风风火火闯九州。

《亮剑》中的李云龙，是电视剧塑造出来的一个形象，如果放到现实生活中，他的日子未必有这么精彩吧。毫无疑问，李云龙是一个不好管理的角色。

成也性格，败也性格。他的悲剧也在于他的性格缺陷。

战争年代，需要的是他这样无所畏惧的英雄，而和平年代，更需要以和为贵。汉代的陆贾说了一句今天都老少皆知的话："居马上得之，宁可以马上治之乎？"

史书上记载，汉高祖刘邦"为人倨傲，轻侮儒生"。他的江山都是这些武将们打下来的，哪有你们读书人的事。

朝堂之上尽是一片乌烟瘴气，后来就连刘邦自己都看不下去。

时代变了，角色也要跟着转变，适当的时候也要弯一下腰，否则容易折断。人老了，最坚硬的牙齿都掉光了，舌头依然在，柔弱胜刚强，能够示弱，才是真正的强者。

8 号领导力的优势与劣势体现在以下几方面。

（1）优势：

事业心极强，能成为行业领袖；

统筹规划周详，控制事态结果能力强；

建立管理体系能力极强；

善于发现、发挥、培养、使用、保护下属。

（2）劣势：

强迫他人遵守规则，干涉性强；

极端自我、不善于听从意见；

不懂感情，使人有被利用、被伤害的感觉。

8号领导力的修炼方向：接受自己有时是无能为力的，承认自己不是万能的，才能学到真正的谦虚，谦虚才能进步。

与8号和谐相处的要点：

（1）有时候要提醒他听取别人的意见和观点，告诉他这些意见和观点并不是对他权威的挑战；

（2）不要在众人面前直接挑他的错误；

（3）当8号发怒的时候，不要与他一样冲动。

“如果吼叫能解决问题，驴将统治世界。”那天和朋友谈起领导力的问题，我引用了这句话。

他说不能忍受领导的情绪宣泄甚至人身攻击，其实一般人都受不了。能够受得了的，都不是一般人。发火，破坏的往往是其他人的安全感。

依照管理学和心理学的理论，满足一个人的安全感、控制欲，是谈判、管理的核心任务之一。

前者，比如认真倾听、表示理解、表达共情。后者，比如让对方做选择题，就像古代谋士的上、中、下三策，哪怕中、下策这两个选项纯属凑数，但也得有。

一个总是发火的领导，多半自身能力还需要提高。也许他照样可以青云直上，那是因为运气加持，或者其他方面给力。

我们不能指望运气，虽然能力不能决定一切，但还是越强越好。

如果下属做不好工作，怎么办？

我也有上、中、下三策：

（1）帮他提高能力；

（2）把他调整到更合适的岗位；

（3）吼他，骂他是猪头。

这三个办法，各有利弊。最后一个如果用得好，叫激将法。一定要谨慎应用，如果总是用这个，说明你的领导力还需要提高。

还是那句话：不说硬话，不做软事。

除非硬话、软事是策略的一部分。

9 号领导力

Peaceful 平和型 / The Peacemaker 和平者

★ 简单介绍：会自动融入别人的喜悦里，若有情绪冲突，会感到很痛苦。9 号性格的人是和平主义者，他们对很多事都无所谓，容易受环境影响，比较优柔寡断，但很懂得欣赏和包容他人。

★ 其他称谓：和平维护者、调停者、宿命论者、平和型、和谐型、和事佬、好好先生、爱和平。

★ 行为动机：渴望人人能和平共处，怕引起冲突，怕左右为难；他们不争名逐利，性格温顺，与世无争；爱好大自然，不爱出风头，写意随和，但往往给人一种懒洋洋、没有个性、慢条斯理和满不在乎的错觉。

★ 潜在恐惧：怕与人群疏离。

★ 潜在渴望：能与人和平共处并被接纳。

9 号领导力宋仁宗：百事不会，只会做官家

2020 年的一部电视剧《清平乐》带火了宋仁宗赵祯，他成为大家津津乐道的网红皇帝。

他没有什么世人口中的丰功伟绩，似乎庸庸碌碌度过了一生。世人评价宋仁宗“百事不会，只会做官家”。看似贬义，实则赞扬，在他的领导下，仁宗并不独揽大权，而是与士大夫共治天下。唐宋八大家，其中就有六位出现在仁宗一朝，在仁宗时代，放眼朝堂，皆是大人物。

苏轼、苏辙两兄弟，范仲淹，司马光，王安石，欧阳修，包青天，曾巩，他们的大名如雷贯耳，可谓顶流。一千年后，这些人不但在中小学课本上频繁露面，还在电视剧同框亮相。宋仁宗领衔的阵容，可谓顶配。

后人在《宋史》评价他：“‘为人君，止于仁。’帝诚无愧焉。”

赵祯（1010—1063），庙号仁宗，是宋朝的第四位皇帝，他十三岁登基，在位四十二年，享年五十四岁，是宋朝在位时间最长的皇帝。他在位期间，百姓安居乐业，经济文化高度繁荣。

这与当时的时代有关，更与他本人的性格有关。我尝试从九型人格的角度来分析他的领导力，赵祯的管理特质很符合 9 号领导力的底层逻辑。

9 号领导力，是所有领导力中相对比较温和、比较有耐心的一种领导力。

他们通常性情宽厚，宽以待人，不事奢华，不急不躁，总之，有一副好脾气，小事不计较，大事不糊涂，明辨是非，给人一种老好人的感觉。

宋仁宗的好脾气在历史上都是出了名的。他身上的优点还不止这些，宋仁宗为人善良，善于为他人着想。有一次，宋仁宗在皇宫中散步，时不时地就回头到处看看，随从们都不知道皇帝是为了什么，很是纳闷。皇帝回寝宫后，着急地对手下的宫人说道：“朕渴坏了，快倒水来给我喝。”宫人们觉得

奇怪，问他：“陛下为什么在外面的时候，不让随从人员伺候喝水，而要忍着口渴回来再喝呢？”宋仁宗说：“朕好几次回头，但没有看见他们有人拿着喝水的水壶，朕要是一问，肯定有人要因此受到处罚了，所以就忍着口渴回来再喝了。”

宋仁宗就是一个普普通通的官家，小心翼翼地驾驶这条大船，向彼岸慢慢开，只要不触礁，不搁浅，不偏航，爱怎么折腾都行。历史证明他是对的。他垂拱而治，大臣们就有施展的空间和机会，他的官员阵容可谓群星璀璨。所以他的朝堂，总是闹哄哄的，包拯是急性子，刚正不阿，铁面无私，该弹劾就弹劾。还有个状元王拱辰，为了让仁宗收回成命，敢揪着皇帝袖子不放，最后拗不过，只好照办。范仲淹说错话，做错事了，先暂时贬你去地方上历练历练，等时机到了，再叫你回来。

水至清则无鱼，他要做的就是把这潭水维持好。

对文人来说，仁宗时代是一个非常幸福的时代。他厚待知识分子，极其重视人才。同时他性子软，不喜欢冒险，更害怕冲突，在面对大辽和西夏的攻击，他以岁币的方式换平安，看似窝囊、屈辱，其实是仁宗的仁爱之心。

“好战者亡，忘战者危，不好不忘，天下之王。”这是宋仁宗常说的话，什么人喜欢战争？是想靠战争获利的人。在他眼里，战争是什么？将以利物，不以害物，将以救之，非以危之（战争是为了拯救，而不是为了带来灾难）。总而言之，帝王兴师，必本仁义。

仁宗的政治哲学有点老子提倡的无为而治，只有无为，老百姓才能休养生息。无为，老百姓才能有所大为。

9 号领导力的内心深处是：渴望和平，和谐。

对老百姓来说，这是最大的财富。不求大富大贵，只求健康平安。

虽然仁宗没有秦始皇、汉武帝、唐太宗这些伟大帝王的魄力和血气，但他求仁得仁，是一个好皇帝，更是一个靠谱的皇帝。

如果历史多几位这样的皇帝，也许会留下更多的“清平乐”（清明平安快乐）。

赵祯的一生，完美地注释了平庸之主也可以成为一代千古仁君！成功除了快狠准的模式，还有一种模式叫：细水长流，水滴石穿。比不了精彩，那就比人生的长度。

当然，人无完人，即使被后人追封一代仁君，他也有自身性格的局限性。

人生有四个阶段，分别是：接受父母的平庸，接受自己的平庸，接受配偶的平庸，接受孩子的平庸。对 3 号性格的我来说，接受哪个都不容易。我会穷尽一生的努力去证明自己，既然我不是贵族的后代，我就去做贵族的祖先。

对 9 号领导力来说，这是与生俱来的品质——接纳，无条件的接纳，这也没关系，那也不计较。

3 号领导力拿得起，却放不下。

9 号领导力放得下，却很难拿得起。

每一种性格，每一种领导力，都有他的功课要做。

做自己，走好自己的弯路，就是 9 号领导力的功课。

9 号领导力的优势

（1）善于调解冲突；

（2）为他人着想，为把别人的需求放在首位而开心；

（3）闲适的人生态度，没有争夺的烦恼；

（4）善解人意，能感知他人需求并给予帮助；

（5）思想丰富有创意，时常会有一些好方法、好点子；

（6）善于捕捉闪光点，善于发现欣赏事情好的方面，能迅速发现别人优点；

（7）适应能力强，认同周围世界，可以接受现实生活的优缺点。

9号领导力的成长建议

（1）试着勇敢地表达自己，勇敢地接受赞美或责备，才能让自己不断提升；

（2）运用制度避免更多的人情化的解决方案；

（3）对待自己的事情，要保有自己的主见；

（4）自己的情感感知常常模糊，切忌拖泥带水，不去面对；

（5）不要忘记自己也是一个独立的个体。

可复制的领导力，不可复制的性格。

领导力可以学会吗？

樊登说："可以学会，否则就不能称其为一门课程。"其实这句话给我很大的力量。

在自我探索的过程中，我认为自己的性格不适合做领导人。我适合做英雄，不适合做将军。我是九型人格中的3号性格，在我的认知里，8号性格才是天生的领导者。

这就是东西方管理的差异，东方管理文化是以人为本，要靠悟性，而西方管理文化把管理变成了标准化的管理，只要标准化，就可以复制，企业才能壮大。

互联网放大了每一个人的能力，你的企业组织是海星型，还是蜘蛛形？

我的企业就是典型的蜘蛛形，而且就我一只蜘蛛，我不干了，就一切归零。我走的是自媒体IP路线，互联网放大了我的IP，客户也只认IP，但没有海星这种组织架构，限制了公司的发展。

管理大师杰克·韦尔奇说："抓住一切机会打造一致性。"管理员工，并不是上级控制下级，而是双向沟通达成一致性。

无论是经营团队还是婚姻，一致性沟通是我和你的目标。这也是东方与西方文化的区别，西方人思维方式更直接。而东方是阴阳文化，是打太极，真实的想法不会直接说出来，而是让你猜。这种方式会加大沟通成本和人力成本，是一种消耗。

《素书》有云："短莫短于苟得"，"孤莫孤于自恃"，"自厚而薄人者弃废"，"厚敛薄施者凋"。

领导力工具可以三天学会，但是领导者的修为却要三年，甚至一生！

可复制的是工具和方法，不可复制的是一个人的性格和成长！

只有把自己修炼成更好的领导者，那么更好的项目、更好的团队才会在前面等你！

在这个章节里，我将通过对文学作品中历史人物形象的分析，来理解九种领导力背后的底层逻辑，找到这九种领导力的公开象限，盲点象限，以及潜能象限。

以铜为镜，可以正衣冠。

以史为镜，可以知兴替。

以人为镜，可以明得失。

而九型，就是洞察人性和人心的一面镜子。

第四章

九型幸福力

九眼看剧——《三十而已》

前段时间，现代都市剧《三十而已》热播，捧红了一批小花，主演童瑶也因这部剧获得了白玉兰奖，剧中每一个经典的角色，都有鲜明的人格特质，从这部剧里，也许可以帮助我们了解九型人格。

三个女人、三种人格、三段人生，试着用九型人格角度谈一谈这部《三十而已》。

1 号幸福力：没有完美，只有圆融

顾佳：完美女人有多狠，不是看她能够多高，而是看她能蹲多低！

顾佳，谐音顾家，事业、家庭、孩子、个人成长，哪个都不落下的完美人妻，也因此诞生了一门新学问：顾学。

顾佳，从大学和丈夫恋爱，白手起家，创办公司，结婚生子，转战全职太太，购置一线江景房。在事业上，辅助丈夫，好学勤奋独立；在生活上，井井有条，做到内外兼修。这一切，简直就是无可挑剔、羡煞旁人的完美啊！

我们一起走进 1 号的世界：

核心需求：害怕被批评谴责，追求完美。

价值观：非黑即白，自律，正直，规则的维护者。

外在行为：高要求，高标准，要求自己，要求别人，追求完美。

我一度以为顾佳是高配版的 3 号性格，刷爆信用卡，加上老公的钱，七拼八凑，买个限量版爱马仕包包，成功打入太太圈。这不是虚荣是什么？直到顾佳在太太圈说了那番铿锵有力的话："我还能在拥有自己姓名的时候离开，各位呢？因为冠着夫姓而存活，活在丈夫的价值半径，再带一份优越感，聚在一起炫耀比较，真的是越光鲜、越可悲，我叫顾佳，后会无期。我自己的错误，我自己买单。各位呢？"

有错就改，这就是 1 号的逻辑，没有找理由和借口。

其中有个细节让我很感动，有个小朋友在幼儿园犯了癫痫，被木子妈妈和其他家长联合劝退。只有顾佳挺身而出，如果因为自己的孩子，而剥夺另一个孩子学习的权力，这是不公平的，不希望自己孩子从小学会歧视，坚持原则，不图回报，正义凛然。

结果无意中得罪了木子妈妈，一个外强中干的女人，为了出这口恶气，居然把气撒到了孩子身上，趁着幼儿园小朋友过生日，把子言关进卫生间好几个小时，导致子言哭着喊着不要去幼儿园了。

顾佳给孩子一个温暖的拥抱，转身就把那两个肇事的女人拖进卫生间，摘下手表，脱下鞋子，一顿毒打，那个场景，又爽又飒，看得网友直呼过瘾！

为了保护老公的自尊心，独自一人去给客户赔罪道歉，还差点被揩油、被性侵。

回来之后，对着黄浦江发呆，老公问他怎么了，她只是淡淡地一笑：老公，没事。

失去了大客户，只能另辟蹊径，先把房子抵押给了银行，然后极力打开新的人脉圈子，搞定于太太的同时，顺便搞定了于太太老公家的三个乐园的烟花订单。

意识到圈子的重要性，退了自己的高额保单，投资了一个咖啡馆，目的是为了打造自己的太太圈子，来换取有价值的商业信息，结识了太太圈的1号人物——李太太，合照的时候，妥妥地坐到了C位。本以为接手李太太的茶厂，激动得睡不着，以为自己要发了，结果这是太太们挖的一个坑。

当欲望走在能力的前面，强挤进不属于自己的圈层，有的是人家给你挖的陷阱，等着你入坑。

我以为顾佳深思熟虑之后会放弃，好不容易有今天的日子，再赌上全部身家，风险太大。当她看到大山里孩子和村民们的善良淳朴，为了帮助他们，顿时决定强撑起即将倒闭的茶厂。小小的身躯，为了崇高的理想，而充满了无限的力量。

然而，讽刺的是，如此无懈可击、非常完美的妻子，却意想不到地遭丈夫出轨……于是，从行为层面，大众的唾沫星子压倒性地喷向了她的“渣男”丈夫许幻山，和那个“不知廉耻”的小三林有有。如果，从人性角度深刻地剖析这个现象，是不是可以挖掘点本质，供我们借鉴与深思呢?

完美主义的背后，是高标准、严要求，以及对一切不符合标准的行为和想法的不允许。

当丈夫许幻山西裤配了短袜，便要求他换成搭配的长袜；丈夫查出脂肪肝，不仅替他找了断食的解放方法，自己也一起陪同断食；家里的一切生活大小事，都配有标准的操作流程。同时，虽然她只偶尔出现在公司，但事无巨细，仍在自己监管中，能随时发现存在的问题，而丈夫作为公司法人，也习惯了由太太拍板。因为他知道即使自己有想法，最终依然会被太太的各种有理有据说服。

无论工作和生活，每一环节，顾佳都要确保走在正确的轨道上，这让身边人精神紧绷，没有喘息的余地。丈夫许幻山，每天回家上楼前都会在车上，偷偷打几局游戏，以缓解自己莫名的紧张感。因为头脑告诉他，妻子全方位的优秀和付出，符合一切大众价值观的完美人妻期待，但身体是不会说谎的，会本能地逃避让自己感到不舒服的事物。最终，当他遇到随性洒脱做自己的林有有时，不由自主地喜欢上了她。

很多网友想不通，顾佳这么好，为什么许幻山还要出轨？

与其说喜欢上了林有有，不如说，是他的生命在呼唤自己找回内心深处被束缚已久的自由。

在 1 号顾佳的概念里，“应该做”等同于“想要做”，从来都是理性地做着“该做的”，而无意识地屏蔽“想做的”。

最后顾佳提出：我们离婚吧。没有歇斯底里，也没有哀哀怨怨，而是果断分开。

失去我，将是你这辈子最大的损失。一直以来，顾佳都在前面跑，引领许幻山，如果不是顾佳的支持，也许许幻山还不是许总，只是一个烟花设计师。她欣赏许幻山的艺术才华，也小心翼翼地保护他的自尊。

1 号的盲区是：认为自己知道什么是对，看事情非对即错，不谈感受，对事有很高的标准。

所以，面对闺蜜的失恋、离婚，她的安慰更多地体现在“讲道理”。这看起来似乎更理性、更成熟，却并没让对方的内心有多舒服。因为，她一直无法连接自己的内心，又怎能看见好友的内心？ 1 号走的是本能智慧，很少用心去感知对方。

这通常跟小时候原生家庭有关系，1 号的孩子从小在被严格要求的环境下长大，剧中的顾佳母亲走得早，父亲身体不好，所以在小的时候，她就学会自己为自己负责。

如果你的另一半是1号，你要学会珍惜他，要照顾好他的身体，因为他热衷于做事，他把内在的愤怒情绪压在心里，往往忽略了自己的健康。

与1号相处时，要注意以下几点：

（1）要记住细节，1号特别在意细节，他们已关注人与人之间的小交往小细节、记住别人的名字、恰当的介绍等；

（2）把新意和乐趣带到恋爱中，因为1号自己缺乏新意，总是修复已知的内容；

（3）如果爱情出现了负面内容，1号往往想把一切都毁灭，爱情要么那么美好，要么是可怕的；

（4）一旦真心投入其中，1号会重视家庭的价值；

（5）自责和快乐让他们忧郁，享乐可能会让他们内疚；

（6）说话要谦虚礼貌，征求1号的同意。

这个世界从来不是完美的，达尔文的进化论：适者生存，不适者被淘汰。我们如果对这个世界多一份接纳，也许生活会更圆融，幸福体验感也会更强！

2号幸福力：卑微到尘埃，高傲到骨子

《三十而立》这部剧大火，热搜的主题都是围绕着三个女主，主角光环加持，漫妮注定要与海王分手，否则人设就立不起来。海王的未婚妻赵静语这个角色，为大众所不耻，哀其不幸，怒其不争，唯有一声叹息，活着的价值

就是给未婚夫解决一个又一个的艳遇。

外表如此高傲，内在却卑微如尘土。

2 号的核心需求：

渴望被爱，被需要，害怕孤独。

价值观：以爱换爱，只有我先付出爱，别人才会喜欢我，需要我，不会忽略我。

你对我不好，我会对你更好，你不喜欢我，我会更加努力对你好，直到你喜欢我为止。

即使你真的不爱我，只要你需要我，我还是会帮助你。

外在行为：焦点都在别人身上，不断去满足他人的需要，付出，给予，迎合，取悦，讨好，甚至是卑微的。

内在情绪：不去感受自己的内在情感，否定自我需要，但是又非常高傲。习惯依赖，不够独立。

在这部剧中，赵静语最后一次约漫妮，讲了一段话：我跟你两个人，谁更惨？从明天开始，我就可以放过你了，可是，谁又能放过我呢？像你这样的女生，不是第一个，也不会是最后一个，每隔一段时间，他身边都会出现一个，每次都是我出面帮他解决这些女生，这已经成为我们之间的一个默许，他新鲜感过了不想要了，又不想自己做坏人，最好的解决方法是找我出来。

默许，听到了吗？这就是 2 号的高傲，虽然等了 7 年也没有等来梁太太的身份，领着未婚妻的头衔，不是夫妻胜似夫妻。

所以，面对到处偷腥的未婚夫梁正贤，上一刻飞到上海来到漫妮的奢侈品店，处处刁难她，下一刻已经飞回香港，牵着一条哈巴狗，跟梁正贤散步有说有笑，恩爱日常。

看到那条摇尾乞怜的哈巴狗，赵静语何尝不是梁正贤养的一条狗，被圈养7年，不是没有想过离开这段感情，可是，离开之后要怎么独自生活？也不知道将来还有多少女生要解决，但至少这是自己最擅长的，不是吗？

7年来，早就练就了一颗麻木不仁的心，爱到失去自我。

有那么一瞬，赵静语以为漫妮跟别的女孩子不太一样，梁正贤真的会为了她而抛弃自己。这下，她慌了，所以才会去漫妮的店里兴师问罪：对，我的时间是很宝贵的，7年的陪伴，说放就能放吗？甚至当众给了漫妮一个耳光。她知道这样做不好看，但是没有选择，一想到要被抛弃，就心如刀割。

有人说赵静语比漫妮活得清醒，至少承认自己爱钱，可若为了钱，就不会委屈了，其实她图的是梁正贤的爱。

我不禁思考：到底是渣男容易吸引2号，还是2号容易培养渣男？

3号顾佳遭到丈夫背叛，二话不说提出离婚，而2号面对老公离婚，更害怕看到不被老公爱的真相，心想是不是我哪里做得不够好，老公才会出轨？我是不是要对老公更好一点，他就能回心转意？

2号他们通常很善良，也很贤惠，可是受的委屈最多，受的伤越深，因为没有底线和原则。不是你做得不好，而是太好了，久而久之，对方习惯你的付出，理所当然享受，做得好是应该的。会哭的孩子有奶喝，你的眼泪流在心里，所有的委屈往肚子里咽，人家以为你根本不需要奶。

2号最渴望被爱，可是到最后往往得不到爱，爱的前提是尊重，你都不尊重自己，还怎么指望男人敬你爱你？

吸引力法则，你越害怕什么，就越会失去什么。

是不是所有的2号都活得这么可怜委屈，当然不是，特蕾莎也是2号性格，她一生为穷人奉献自己，活得高傲独立，她认为自己是上帝的一支铅笔，只为完成爱的使命。

性格无所谓对错，每个性格都有它的闪光点，也有它的盲区。

2 号的成长方向：多爱自己一点点。如果真的很爱一个人，那就给对方 7 分吧，剩下的 3 分好好爱自己。

如果可以，跟 4 号学习，但不能走极端，从无我，走向自我，也是非常可怕的。从一段讨好的关系，走向另一段索取的关系，恐怕也很难持久。所以，要做的是多一份觉察，付出的背后，是为了讨好迎合，还是心甘情愿去付出？学会自由地表达自己的需求，学会真正爱自己，从依赖走向独立，不论经济上的，还是人格上的，不需要通过付出什么来交换爱，你值得被爱，值得更好。

3 号幸福力：外不欺人，内不欺己

王漫妮，你该清醒了。

王漫妮，王漫妮，谐音 want money（拜金），网上评她：凤凰女。九型人格中的 3 号性格。

核心需求：渴望被认可，证明自己。

价值观：努力勤奋上进，颜值和情商都具备，目标明确，30 岁之前要么在上海买房，要么嫁给一个有钱人，渴望过上好生活，如果一样都不行，就会乖乖选择回老家。

3 号性格，用实干家、成就者来形容，他们有很多优点：执行力很强，目标很明确，结果导向，为了达到自己的目的，可以随时调整自己，适应力非常强。他们渴望出人头地，最不怕的就是行动，有追求、有理想，要么通过努力工作获得晋升，要么通过婚姻来实现阶层跨越。他们大都注重形象，愿意花时间和精力来打扮自己，因为颜值也是证明自己的一种方式。

想要过日子，想要找个有钱的优秀男人结婚有错吗？没错啊。

如果王漫妮跟梁正贤修成正果，我相信连顾佳都要羡慕嫉妒恨了：凭什么？

这就是人性的劣根性。即使是闺蜜，希望你过得好，也不希望你不劳而获，如果靠颜值就能改变阶层，还要努力干吗？

现实生活中，有没有像王漫妮成功晋阶成为梁太太？当然有，只是小概率，跟中彩票大奖一样，看你有没有这个命。

为什么王漫妮这个角色有这么多争议？

因为她代表了沪漂、北漂一族，在大城市打拼想要扎下根，辛辛苦苦一个月赚 2 万，光房租就要花去六七千元，还有衣服包包鞋子化妆品各种行头，一个月也剩不了几个钱。三十岁了，没有房没有车，甚至没有存款，出去旅行升个舱也要刷信用卡。

即使刷信用卡，也要诗和远方，因为有希望。

3 号性格看起来精明能干，但是通常很迷糊，虽然 3 号靠的是感受智慧，但 3 号又是反感受的，他们忙于追逐结果，忽略了自己的感受，不愿意面对那个丑陋的真相。我想连她自己都没有搞清楚：自己到底爱的是梁正贤的人，还是爱上梁正贤给的有钱生活？

顾佳一语道破本质：如果梁正贤不是一个财务自由的美国华裔，他提出不婚主义，你还能接受吗？

3 号内在情绪：虚荣，自我欺骗。

漫妮自从跟着梁正贤，去潜水、品红酒、看私人展览，眼界提高了一大截，也因此得到了香港总监的青睐，这些都大大地满足了漫妮的虚荣心。

可惜，这些对富人来说是高品质的标配，对没有钱的人来说就是可有可无的鸡肋。

王漫妮给男朋友买了个几万元的拉杆箱，来试探自己在男朋友心目中的地位，为了去欧洲邮轮，宁可刷信用卡买打折的品牌鞋，也不愿意买双高仿的鞋子。这种透支的消费方式本身就是一种虚荣。

后来当梁正贤说出自己不婚主义的时候，王漫妮还在幻想着：说不定哪天，他看了一部电影，听了一首歌，就想结婚了呢。那个时候，他身边的人应该是我吧。

她陶醉在梁正贤的海市蜃楼里，幻想着有一天成为梁太太。

钱真是个好东西，渣男镀了一层金，都可以渣得底气十足。他不需要像漫妮的前男朋友捧着一颗真心去示爱，直接拿钱砸，多简单。

当王漫妮飞到香港，亲眼见证梁正贤跟赵静语像平常夫妻那般日常生活，彻底绝望了。回来不吃不喝大病了一场，成为同事眼里的笑话，同事看她的眼神都不一样了。

后来她干脆辞职，搬离上海，心灰意冷地回了老家。父母办的那场生日宴上，王漫妮对着镜头说：今天是我的 30 岁大寿，我回老家了，语气里透着无奈，还有不甘。

这就是 3 号，状态好的时候像一条龙，不好的时候像一条虫。3 号如果看不到希望就会像 9 号一样慵懒悠闲迷茫。不同的是，9 号是享受这种状态，而 3 号是在逃避。

我不知道剧情的走向，但我坚信王漫妮会从这段伤痛中走出来，年轻的时候，谁没遇见个渣男呢，只要肯清醒，真实地面对自己。

3 号的成长方向：真实。

首先，真实面对自己的现状和财务状况，没必要打肿脸充胖子，不高攀，不低就，不属于你的圈层，强挤进去也没有你的位置。

其次，真实面对自己的欲望，喜欢钱没有错，贪财有错。

什么是贪？

贪的本质，是想用最少的努力获得最大的回报。

最后，看清自己几斤几两重，有所为，有所不为。女人有所不为才能有所大为。

过了三十，应该明白自己的能力范围以及市场价值。

其实，我很喜欢漫妮这个角色，有原则、有底线。不要高估人性，也不要低估欲望，人很难跟诱惑较劲，就像被圈养了 7 年的赵静语。

4 号幸福力：一念天堂，一念地狱

许幻山：懂我的林有有，才是我心目中的理想伴侣！

许幻山出轨了。出轨对象是林有有，能力、颜值、人品，一样都不及原配顾佳。

网友心里不平衡。凭什么？许幻山，你是眼瞎了吧？

在许幻山的心里：妻子虽完美，可惜不懂我。他很像九型人格中的 4 号性格。

我们一起走进 4 号的内心世界。

核心需求：渴望被理解、被欣赏。

价值观：追求真实、纯粹，接近生命的本原。

外在行为：有艺术才华，特立独行，不随波逐流，有一颗赤子之心，是理念设计者，但是不一定适合运营，患得患失，总觉得没得到的比拥有的好，胆大妄为，不计后果。

顾佳的千般好，许幻山不是不知道。没有顾佳的鼓励，许幻山还只是一个烟花设计师，不会是人前人后的许总。许幻山得罪了大客户，导致公司资金流紧张，还是顾佳想办法去解决。

在许幻山心里，他是爱顾佳的。所以无论是顾佳刷卡买包打进太太圈，还是踩雷包下茶山，他都一一支持，顾佳的三十岁生日宴，他也很用心筹备，不得不说这是一个很好的老公，也没有大男子主义。

可他终究还是负了顾佳。

林有有美吗？姿色一般，美都算不上吧。

林有有能干吗？跟顾佳比差远了。

顶多就是磨人的小妖精，今天跟你撒个娇，明天跟你卖个萌。

我说了人性是经不起考验和诱惑的，许幻山经不起林有有一而再再而三地诱惑。

不是没有把持过，只是定力不够……

林有有，虽不及顾佳十分之一，胜在懂他、理解他。

林有有虽然讨厌，但是一针见血地说出了本质：许幻山和顾佳不是同一种人。

许幻山是艺术家，清高自我。在他心里，他的作品是无价的，相比于充满铜臭味的金钱，更需要的是别人的理解和欣赏。所以，即使明知丢失万总这样的客户会影响公司的资金链，他还是不管不顾地冲万总发了火。4 号内心是非常自我的，我的感受和情绪比利益更重要。你不懂得欣赏，我不理你。

而顾佳是实干家，为了帮儿子进入贵族幼儿园，可以蹲下身帮王太太提鞋，求于太太给单子，情绪不重要，达到自己的目的最重要。

虽然顾佳帮老公争取到了于太太的单子，但许幻山是不屑的，连老子的设计都不看一下，才华都没法施展，没劲儿！他跟同学沈杰踢球的时候就说：有钱人真虚伪，他不屑混这种圈子。顾佳混太太圈，开甜品店，经营茶厂，一路升级打怪，踮起脚尖跨越阶层。在许幻山看来，没有必要啊，日子过得舒服最重要，没必要那么累，不是活给别人看的。

在事业上，他们的目标不一致，一个追求大富大贵，一个小富即安。

作为一个“完美人妻”，顾佳极其自律，她的内心拥有一套完整的秩序，不仅自己会付出十二分的坚韧，向着想要的方向去，还会引领许幻山，也往她的秩序靠拢。

如果说顾佳是内心秩序的守护者，许幻山就是反叛者。

正如他在事业上表现出来的一样，他是一个很重视自我感受的人，秩序的条条框框，其实在某种程度上会压抑他外放自由的天性。

所以，当林有有怂恿许幻山吃垃圾食品，并且“天真烂漫”地讲“第八日的蝉”的故事时，许幻山明显是有触动的——在他内心深处，其实从未真正认可过顾佳建立的秩序。

林有有正是抓住了这条裂缝，慢慢地走进了许幻山的心里，她看到了许幻山在自持外表下那颗躁动不安的心。

我们来研究一下林有有怎么一步步攻心的：

第一步：扮少女，毫不遮掩地表达对烟花的喜爱，天天看都不腻，投其所好，正中下怀；

第二步：穿高跟鞋，脚磨破了，还要强装懂事的样子说不用歇，拼命装成熟，内里却柔柔软软，特别引起许幻山这种艺术青年的同情心；

第三步：打着工作名义请许幻山吃冰激凌，上来就咬一口对方的，试探对方的底线；

第四步：给这个男人洗脑，动摇妻子在他心目中的地位。那番话，字字攻心：我发现你就像一个被罩在壳子里的人，每一层都是你老婆强加给你的，本来有个有趣的小男孩，被关得死死的，你只是在扮演她给你的一个人设。

当有一个人不断地强调你失去了什么，久而久之，你真的以为自己的婚姻很糟糕，谁的婚姻不是鸡零狗碎、一地鸡毛？

其实，许幻山和顾佳的婚姻没有什么大问题，在关键时刻，还能相互支撑，相互兜底，我是挺羡慕的。如果换成我赌全部身家去经营茶厂，我家先生（6 号性格）早就碎碎念，崩溃了。4 号通常有一颗赤子之心，非常纯粹，也很难得。

许幻山虽然出轨了，我也不认为他是个多么坏的渣男，他只是不太成熟，经不起诱惑。

4 号性格的盲区：以自我为中心，情绪起伏比较大。

我不喜欢站在道德的制高点去评判，我喜欢谈代价。

一个夫妻和睦、孩子可爱、幸福美满的家，是值得拼了命去守护的，任何诱惑都比不上这家。

我结婚之前学习过爱商课程，其中记得一句话：婚姻是妥协的艺术。

很多人以为，恩爱性格就是互补；不爱了性格不合就是最好的理由。

哪有那么多的价值观同步，婚姻不过是我退一步，你让一步。

学习九型人格，是让我们懂得人跟人的思维方式、行为方式、价值取向都是有区别的，更好地去理解对方，接纳对方，而不是忍。

因为懂得，所以慈悲。

心理学名著《少有人走的路》中有一段话，重新定义“爱”：

爱是为了促进自己与他人心智成熟，而不断地拓展自我界限，实现自我完善的一种意愿。

这是我看过对爱最好的定义。

真正的爱，应该通往自我完善。

因为有了你，他的生命更美好。

顾佳强力干涉“蓝色烟花”的生产，因为不安全。她指责许幻山做这么危险的事情都不跟她说一声。

相反，林有有崇拜许幻山，鼓励他挣脱顾佳的束缚。

后来，烟花厂果然出事。顾佳倾尽全力救他，但仍然坚决离婚。

世界上没有完美的人，也没有完美的老婆。如果只盯着缺点，日子就没法过了。

像林有有对许幻山这种建立在崇拜、讨好基础之上的感情，过于肤浅，骨子里就不平等。

4号的成长方向：平静。

能够平静地面对自己的情绪，感受到的不一定是真相。觉察自己：总觉得自己的不够好，别人的东西，没得到的比拥有的好，缺失感太强。

5号幸福力：让因果先飞一会儿

陈屿：不出轨，就是好老公了？（婚姻里，比出轨更伤人的是冷漠。）

开播几集，大家都催着晓芹和陈屿离婚，这种渣男不离更待何时？

微信不回，电话不接，一言不合就冷暴力。孩子没了，连眼泪都不流几滴，受够了！

看到许幻山出轨了，梁正贤玩一南一北，突然发现陈屿没有那么差，只是木讷，不善沟通，顶多是直男。后来，网友都催着复婚。

看来，我们对 5 号有着太多的误解。

让我们一起走进 5 号的世界。

核心需求：害怕被侵犯。

价值观：喜欢研究与探索，躲在自己的空间里研究，克制自己的需求，降低自己对他人的和环境的期望与需要，内在情感隔离，与外部保持隔离。

外在行为方式：孤僻，冷漠，独立自主，注重私密，理性分析，洞悉本质，崇尚简约，不修边幅，做事合理合法但是不合情，不通人情世故。

陈屿，外号陈养鱼，在他心里鱼比老婆更有趣，他可以周末放假花四个小时弄鱼，却没法跟自己的老婆待一个小时聊天。我都怀疑，晓芹嫁的是一个机器人。

钟晓芹心里太委屈了：

鱼永远是第一位的，她永远是第二位。

结婚吧，婚礼没有。

工资全部上缴。

衣服各洗各的。

在家，几乎无交流。

最糟糕的是，钟晓芹意外怀孕，他居然不想要。虽然孩子没了，晓芹伤心欲绝，陈屿就跟没事人一样，白天上班，晚上打呼噜。

过分的是，连最起码的尊重都没有，岳母一直为有陈屿这样的女婿感到自豪，生活中百般跪舔，主动跑来照顾小产的女儿，结果还被狠狠地怼了一顿：你们能不能让我清静一些？

很多人对 5 号有这样的误解，不通人情世故。5 号其实很怕被打扰、被侵犯，无论时间和空间上的，他喜欢安静的生活，不喜欢社交，也不喜欢自己的隐私被人知道。当晓芹告诉顾佳夫妻怀孕的消息时，他内心很不乐意，回家就给晓芹脸色。

晓芹累了，在这场婚姻里，她憋屈得太久了，忍无可忍。

就在三十岁那天，换上最美的衣服，化个精致的妆，漂漂亮亮把婚给离了。

但陈屿真的这么渣吗？

连编剧在接受采访的时候都纳闷：生活中这样的老公遍地都是，怎么在网友心里，成了渣男呢？

跟许幻山和梁正贤比起来，陈屿一点都不渣。

他不善表达，不会沟通，说到底是不懂得如何去爱。

陈屿的不会沟通，一言不合就采取冷暴力，这种日复一日的态度足以消耗婚姻的激情。

这跟性格有关，跟原生家庭、成长经历都有关系。

陈屿内心一直爱着晓芹，无可否认：虽然孩子没了，不会表达，也没有悲伤，但实际上，一个人躲起来哭。

为了给晓芹过生日，订网红餐厅，在他的价值观里是不屑这样的行为的。

离婚的时候，愿意把房子和存款都一分为二给晓芹，当时晓芹疑问：你真的要把房子分我一半？陈屿回答得很坚定。

都说分手见人品，陈屿的底色还是一个厚道本分的男人。

婚姻是需要经营的，爱也是需要训练的。

陈屿有没有优点？当然有。

在晓芹遭受网络暴力的时候，他能够冷静地分析事物的本质，凭一己之力深入虎穴，调查真相，最终还晓芹清白，在追妻之路上多了一个加分项。

这就是5号的魅力之处，没有情绪，甚至屏蔽情绪感受带来的不确定性，非常清醒理智，善于记忆和逻辑推理，平时喜欢研究，无论是有用的，还是没用的，关键时刻都起到了大作用。

5号的盲区：隔离情感。

爱是要行动的，更是要表达出来的。陈屿平时默默做了很多事，结果对方看不见5号性格的人平时没有脾气，是因为隔离感受和情绪，但一旦爆发起来，脾气也会非常大。

5号的成长方向：

跟8号学习，学习8号的江湖性，多出去跟人交流沟通，建立人际关系。

学习8号的行动力，5号就是思想的巨人，行动的矮子。有句话说：做是做不死的，想是会想死的。

很多科学家、思想家、哲学家，还有诺贝尔奖得主都是5号性格，他们很博学，能够耐得住寂寞，几十年如一日在实验室研究。作为他们的妻子，通常也很委屈，基本的陪伴都不够。很多女人因为欣赏崇拜他们的才华而嫁给他们，生活中也不是很幸福。

如果你的另一半是5号性格，那就请多一分理解和接纳。

6号幸福力：山有多高，沟有多深

李太太：以退为进，姜还是老的辣！

剧中的李太太，手提260万的爱马仕喜马拉雅包包，每次合影都是妥妥的 C 位，虽然家族开始走下坡路，毕竟祖上富了三代，自认为富一代（old money），看不起暴发户（new money）的王太太。

顾佳投资甜品店，打进富太太圈，是为了获得更多的资源，她深知李太太的价值，所以当她听到李太太要转让茶厂的时候，就毫不犹豫要接盘。一向精明的顾佳，连调查都没做，就直接把几百万的转让金打到了李太太的账户里，一向精明的顾佳果然上当，掉进李太太挖的坑。

九型人格里面，精明能干的 1 号斗不过老谋深算的 6 号，李太太就是那种 6 号性格的人。

让我们一起走进 6 号的世界。

核心需求：内心充满恐惧、猜疑、担心，追求安全感。

价值观：世界是充满危险和不确定性的，尽可能考虑到各种坏的可能性，提前做好万全的准备，同时追求权威和伙伴的可靠支持，这样才能安心踏实。

外在行为方式：小心谨慎，三思后行，依赖权威，思虑周全，反复求证，谨言慎行。信任自己和身边的人，俯视这个世界，有时候会质疑攻击，先发制人，先下手为强。

搞定了王太太和于太太，尝到了两次甜头，顾佳以为自己凭着能力征服了太太圈。王太太是那种简单的 3 号，连莫奈的《睡莲》和凡·高的《向日葵》，都傻傻分不清，所以顾佳帮她拎鞋走几十层，给足了诚意，就能获得她的好感，举手之劳也可以帮她一把。于太太就更单纯，十八线小明星嫁给富豪老公，老夫少妻，要钱没多少钱，在顾佳的帮助下改善了与继子的关系，因此生活费都涨了不少，在感谢之余，把家里的烟花订单给顾佳。

但是李太太就不同了，家里富了三代，坐拥市中心上亿的豪宅。这样的女主人，可不是一天两天修炼出来的，阅人无数，早就练就出了一双火眼金睛。她很清楚：顾佳不属于这个圈层，为何要挤进来？开甜品店，就是为了服务太太圈，换取资源信息，好给家里带来生意。

太太们都不是省油的灯，顾佳的野心和欲望都写在脸上，谁不清楚？

李太太正是利用了这一点，联合其他太太，给她挖了坑。

如果是换作旁人，以顾佳的精明会先去调查，值不值得投入，但那是李太太，一个喜马拉雅包包就要260万，怎么可能会骗自己？没想到，欲擒故纵的李太太还演了一出戏，很多人排队都想经营茶厂呢，顾佳以最快的速度盘下了茶厂。

当顾佳发现自己上当之后，找李太太对质，她先攻击："当初可是你死皮赖脸地来求我。你自己不做调查、不研究，现在怪我了？要怪就怪自己太贪吧。"

李太太是富豪，富豪最看重的是面子，为什么拿顾佳开刀，而不是其他太太呢？

因为她心里明白：其他太太非富即贵，得罪不起，否则这个圈子名声就毁了。顾佳不属于这个圈层，欺负她成本最低，以后面的剧情看，他们都想好了清理门户，以后都不打算让顾佳来这个圈子，就算骗了她，她也反制不了。6号做一件事，走一步棋，后面的三步都会想好。

李太太是很可恶，但是生活中这样的人也不少，今天我们不谈人品，只谈人性，分析性格。

资源都是等价交换，我凭什么要帮你？顾佳的问题就在于总想走捷径，以最低的成本获得最大的回报，想索取自己想要的东西时，首先要问问自己能提供什么价值。

老祖宗几千年前就道出了人性：欲先取之，必先予之。

取法乎上，得其中也，取法乎中，得其下也。

你若想欺负一个人，你会欺负谁？肯定是欺负那些比自己弱的。这是人性。

李太太骨子里是很高傲的，看不上王太太这样的暴发户，更别提顾佳了。

顾佳怒怼太太圈，那段话铿锵有力，可是又怎么样？李太太会心怀愧疚？顾佳内心也看不起这个太太圈，认为她们活在丈夫的价值半径里，既然看不起，又何必强融？走捷径终究是要付出代价的。

6号崇拜权威，认为自己懂得比别人多，内心里更信任自己，俯视这个世界，这与身份无关，就是性格里的驱动力。

一个内心都不尊重你的人，你别指望她会给你什么发财的机会。

分析完上面的故事，你有没有一种要逃离6号的感觉？

其实找对方法与6号是能安全相处的。

在安全状态下，6号通常温暖、温和、有礼貌、谦卑有礼。不像8号那么张扬，欲望写满脸上，也不像3号喜欢炫耀。他们深思熟虑，谦谦君子，是迷人的朋友。

6号的盲区：一旦陷入不安恐惧，就会先发制人，攻击性非常强，通常3号、8号都不是他们的对手，因为他们有谋略。

6号的成长方向：

跟9号学习，学习9号的平和、包容、放松。这个世界没有那么多不安，6号的内心是很紧绷的，脑细胞都在时刻做好战斗，太累了，看看那些宫斗剧，活到最后的一定是6号。但是一辈子活在不安中，谁又赢得了谁？倒不如像9号，眯眯一笑解千愁。

7号幸福力：越自律，越自由

梁正贤，多金又帅气，关键是嘴巴还比较甜，今天给你租房，明天给你买车，后天送奢侈品，哪个姑娘不心动？

漫妮以为遇见了爱情，直到赵静语找上门，才幡然醒悟。

马志威是梁正贤的扮演者。

在表演时，他进入梁正贤的生活，以及他的逻辑，去理解他种种的选择。

腾讯娱乐采访了马志威，替大家问了那句话："是否会后悔错过王漫妮？"

他说不会。

让我们一起走进7号的世界：

金庸小说里的老顽童周伯通，弘一法师李叔同，电视剧里的梁正贤，他们都是九型人格里面的7号性格。

核心需求：逃避当下只有一种选择，逃避痛苦，逃避烦恼，避免冲突。

价值观：追求快乐、自由、喜悦，喜欢体验新鲜事物，美食家，极致玩家。

外在行为：思想很活跃，很有创意，天马行空，逃避压力和烦恼，做很多计划，不承诺，或者乱承诺，行为跳跃，多焦点，敢于尝试很多新事物，同时做很多事，给人感觉虎头蛇尾。

7号的盲区：逃避当下只有一种选择。

7 号的成长方向：清醒。

7 号看似追求快乐，喜欢自由，各种体验，到头来很容易一场空。

清醒地活在当下，知道自己在做什么，学会适可而止。只有自律才能带来自由。

我的导师说：7 号要么不成长，一旦成长就是断崖式上升。3 号很会反省自己，但是成长很慢，成长路上总是反反复复。

8 号幸福力：柔弱胜刚强

《三十而已》这部电视剧，每个型号都能找到一个相似的模板，唯独缺了 8 号，我想来想去，觉得沈杰比较偏向 8 号。他不是主角，戏份也不多，却是最让我心疼的一个角色。

沈杰和许幻山曾经是同事，两人都是出色的烟花设计师，后来双双辞职创业做老板。当许幻山碰到资金问题时，沈杰知道之后，一下子给他转了 70 万，解了燃眉之急。

沈杰没有许幻山有福气，公司一有什么事，顾佳还会亲力亲为帮忙解决。而沈杰的妻子小瑞从不过问公司的事情，一出事就哭哭啼啼找顾佳帮忙，就连他的公公也觉得她好吃懒做，只知道买买买。

沈杰的烟花公司一出事被抓进去，她本能地选择逃避，带着孩子连夜去悉尼，虽然是沈杰让她走的。

而沈杰的父亲，一副玩世不恭的样子，毫无担当，跟顾佳炫耀自己如何追求精神世界，如何玩遍了世界各大景点。老婆喜欢买买买，老爸喜欢炫耀攀比，沈杰一个人满足全家的物质追求。

然而，沈杰却没有规劝老婆和老爸，反而宠溺地满足家人的各种需求，拼命地让自己实现财务自由。

可一旦出事，终究还是沈杰一个人扛下所有，并且力所能及地先保护好妻子，托付好家人。

沈杰习惯了保护家人，却没有让家人学会承担。他也许是习惯享受自己这种强大力量的感觉，但谁能保证自己一辈子有力量呢？

我们一起走进 8 号的世界。

核心需求：保护者，刚强，逃避脆弱。

价值观：只有强大才能保护身边的人，他们坚强独立，爱憎分明，敢作敢为，铁骨铮铮，侠骨柔肠，他们遇强则强，遇弱护弱。

外在行为：独立自主，让自己更强大，掌控世界，自信，果断，依赖自己，拒绝软弱，欲望大，要求高，追求实力，通过自己的力量战胜环境和敌人。

8 号的盲区是害怕脆弱，所以逼迫自己强大，可能连他们自己都意识不到这份脆弱。

山有多高，沟就有多深。外在越强大，内在越脆弱。通常和小时候原生家庭有关系。从剧中可以看出，他的父亲是一个没有担当的男人，所以他在小的时候比一般人早熟，把自己变成了大人才能保护自己，保护家人。

8 号的成长方向：自律，自如。

8 号要学会控制自己的欲望，否则欲望就会控制我们。

《素书》中有句话说：苦莫苦于多愿，悲莫悲于精散。只有自律，才能带来自如，享受高品质的生活。

9号幸福力：慢慢来，比较快

钟晓芹：离婚后的人生就像开了挂一样精彩。

钟晓芹，典型的乖乖女，是生活中普通女孩的代表。她不像顾佳那样野心勃勃，她安于现状。论工作，她30岁了也不求晋升，害怕压力；论生活，用陈屿的话说，不是没成家，是没成年，只要老公出差就回娘家，就喊父母来家里帮忙打扫卫生做饭。

本以为日子就这么波澜不惊地过下去，没想到在30岁生日那天，钟晓芹主动提出离婚：有一种生活，往后的每天都可以预见，那就是越过越糟心，第二天，两个人就去领了离婚证。

离了婚的晓芹，人生就跟开了挂似的，先是小6岁的钟晓阳疯狂追求，后是前夫哥走上漫漫的追妻路。她很像九型人格中的9号性格。

让我们一起走进9号钟晓芹的内心世界。

核心需求：避开冲突，追求和谐。

价值观：觉得自己就是普通人，尽力维持和谐的生活，忍一时风平浪静，退一步海阔天空。

外在行为：听话顺从，自我满足，憨厚包容，自在安逸，懒散怠惰。

离婚后的晓芹以光的速度找回了自己，开始学油画，精心打扮自己，放飞自我去追求自己的生活。

9号的盲区：懒散和怠惰。

9号的成长方向：正确的行动。

像晓芹这样的 9 号，在我们生活中随处可见，他们温和没有脾气，生活就像一潭静水。成长方向是学习 3 号的行动力、目标性。

如果你家的先生刚好是 9 号性格，不要拿他跟别人家的老公比。如果你家的孩子是 9 号性格，也不要拿他跟别人家的孩子比。

成功不是因为快，而是因为有节奏。跟着自己的节奏走，说不定你就是下一个成功者。

第五章

如何修炼领导力

领导力的本质

领导力的本质是建立尊重和信任，抓住时机打造团队的一致性。如何做到呢？沟通。先谋后事者昌，先事后谋者亡 ，这里的谋就是沟通的意思。

有一个著名的模型——“乔哈里窗沟通四象限”。

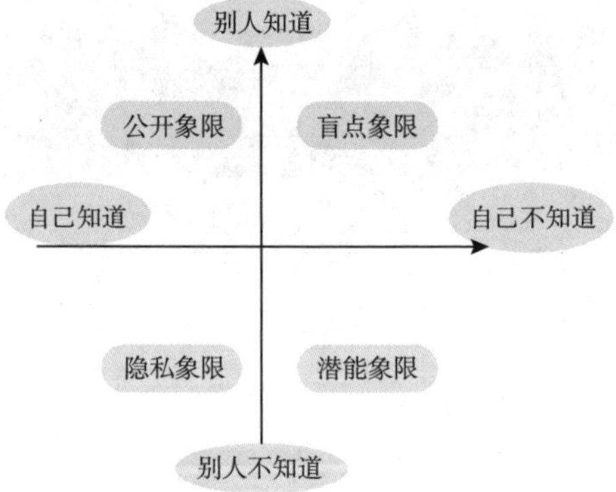

公开象限：自己知道，别人也知道。

隐私象限：自己知道，别人不知道。

盲点象限：自己不知道，别人知道。

潜能象限：自己不知道，别人也不知道。

每个人，都有自己的一个“盲区”。

当有人指出你的盲区时，你应该感谢。这常常意味着重新发现自我。

但是，面对这个过程，大家的反应会截然不同。

有的人，会拒绝承认：这不是我，你们搞错了。

有的人，会大发雷霆：胡说八道，你们一点都不了解我。

有的人，会痛哭流涕：原来我是这样的啊，原来是我的错。

发现并承认盲区，有点难。因此我常常说，这是一个“破碎”的过程。

只不过有的面红耳赤，有的心平气和。

但是当破碎之后，你如果愿意捡起这些碎片，重新建构自己，就会发现自己又更新了一次。

每个人看似都有一个坚硬的铠甲，但是铠甲之下，往往是一颗还要继续历练的心。

而九型人格，是一个自我探索的工具，帮助我们了解自己，认识自己，建构自己。我们需要做的就是努力放大公开象限，缩小盲点象限，减少隐私象限，激发潜能象限，你将会成为一个优秀的领导者。

因为了解，所以信任。

这一章，我们将进一步探索每一个型号的四个象限。

领导力的核心是关键的时刻给予肯定。爱是一种本能，但是表达爱的方式需要工具，沟通也需要方法。

二级反馈是一种赞美肯定的方法，给员工及家人幸福的感觉，就是给他们力量。

就连负面反馈如果用 BIC 方法，也会形成一种正向能量。

1 号是完美主义者，眼里揉不得沙子，即使你做了 99 分，他看到的是 1 分的不满意。

3 号是成就者，眼里只有目标和结果，忽略他人的感受，甚至也忽略自己的感受，容易形成指责型人格。

6 号是怀疑者，任何事情在他眼里都要带着挑剔的眼光先怀疑一番。

8 号是愤怒型人格，9 号是逃避型人格，每个型号都有自己的盲区，也有自己的闪光点。

一切的改变都从自我接纳开始，一切的疗愈始于看见自己。

对 2 号性格来说，温柔容易，边界却很难，因为她自己都是一个没有边界的人。

对 8 号性格来说，边界容易，我的地盘我做主，神圣不可侵犯。温柔却很难，柔就意味着示弱，没有力量。

《论语》讲中庸之道，不偏不倚。我们终其一生寻求的就是这个度，这个度就是智慧。

我们要做一个真诚的人，儒家说内圣外王，外不欺人，内不欺己。处理事情需要真诚地去沟通，不带情绪，不带疑惑，不带戒备。

九型的公开象限

1 号的性格变化

处于安定和人格提升时：会放下拘谨的形象，有创意，肯做新尝试，会接纳他人的意见。

处于压力和自我防卫时：情绪化，反复无常，忧郁，自我批判，有时会自影自怜，自暴自弃，沮丧和充满无用感，但却会执着和坚持到底。

人生得意奋发时：有爱心，肯为他人设想，有同情心，肯为某一个喜爱的人付出。

人生失意受挫时：会逆流而上，也会随波逐流，但没有主见。

2 号的性格变化

处于安定和人格提升时：为自己的心愿坚持到底。

处于压力和自我防卫时：横行无理、自大、任性，将自己的主意强加于他人身上。

人生得意奋发时，能专注于事业，精明能干，有效率而且受人敬重和爱戴。

人生失意受挫时：保持自己的原则，按原则办事。

3 号的性格变化

处于安定和人格提升时：会是成功的团体领袖，有涵养，有实力，有魅力，会适当地运用策略，并小心行事，不会操之过急，是位不可多得的管理专才和团体领导者。

处于压力和自我防卫时：会兵败如山倒，一蹶不振，无主见，自我放弃，懒惰，没精打采，暴饮暴食，意念多而不专注，一事无成，充满无用感。

人生得意奋发时：人变得有感情，有深度，在爱情的滋润下，寻回自我，实而不华。

人生失意受挫时：体会到人生里的感情世界、承诺的重要性，当他们甘心为社会服务才领悟到人生的真正意义。

4 号的性格变化

处于安定和人格提升时：会变得冷静而较为理性，做事有原则，不会感情用事。

处于压力和自我防卫时：会在感情道路上一意孤行，痴缠、任性，占有欲强，有时会感到失落、抑郁和行为反复无常。

人生得意奋发时：有干劲、有活力地朝着自己的人生目标进发。

人生失意受挫时：甘愿接受现实。

5号的性格变化

处于安定和人格提升时：有大将之风，勇于冒险，能将构思付诸实践，乐意争取达成自己的目标，勇谋兼备，会接受和关心别人，是一位不可多得的将相之才。

处于压力和自我防卫时：会变得不切实际，孤芳自赏，常做白日梦而且有点神经质，经常理论多于一切。

人生得意奋发时：能够安分地处身于群体中，担当他们的军师或智囊。他乐于为大众效力，并受到大众的认同和爱戴。

人生失意受挫时：被人否定时会变得激动、敏感，开始关注自己的内心世界和感受。

6号的性格变化

处于安定和人格提升时：能顺其自然，信任身边的人，乐意效忠所属的群体，并愿意放下自己拘谨的态度和防卫机制。

处于压力和自我防卫时：变成工作狂，反应过敏，会轻率鲁莽地做事，为达到目的会不顾一切，缺乏理性。

人生得意奋发时，被积极正面的思维诱发，人变得活泼开朗，肯尝试创新。

人生失意受挫时，人变得冷静、抽离，爱做旁观者多于参与者，以免成为他人的焦点所在和攻击目标，喜欢搜集资料和数据去支持自己的观点，时常反驳、试探和质疑别人的能力。

7 号的性格变化

处于安定和人格提升时：懂得自我克制，心思缜密，会经过观察和周详的考虑才去做决定。

处于压力和自我防卫时：变得专制、容易发怒、固执。

人生得意奋发时：善于运用自己的权力，做事果断而且有效率。

人生失意受挫时：能够诚实地面对自己的问题和焦虑。

8 号的性格变化

处于安定和人格提升时：慷慨而乐于助人，有理想有抱负，肯真诚和体贴地去关心别人。

处于压力和自我防卫时：固执倔强，远离人群。

人生得意奋发时：安于现状，有同理心，接纳他人的意见，做事从容不迫，谦卑有礼。

人生失意受挫时：领悟到要放眼世界，有远大的目光，而不再坚持己见，能灵活变通，肯接受别人的批评。

9 号的性格变化

处于安定和人格提升时：有清晰而明确之目标，肯奋发图强，用积极的态度去做事，以换取日后更多的安逸和闲适空间。

处于压力和自我防卫时：行为会变得偏激，多疑，怕大祸临头，怕被人陷害和欺骗，变得更加防守和被动。

人生得意奋发时：懂得以轻重缓急先后次序去做事，明辨是非，立场清晰而坚定。

人生失意受挫时：懂得重视自己的权利，肯表达自己的意愿，主动参与。

九型的盲点象限

1 号完美型人的盲点

当以下情况出现时，1 号性格的人会觉得有压力：

（1）自己犯错误时，受到批评时；

（2）自己身边的人犯错误，而自己又无力去纠正时；

（3）别人犯了错误，但又拒不承认错误；

（4）事情的进行无法按自己的标准去实施时。

当 1 号性格的人觉得有压力时，会用愤怒或者思考的方式去面对，有可能会去思考“怎样做才是正确的呢”？

2 号助人型人的盲点

当以下情况出现时，2 号性格的人会觉得有压力：

（1）帮助了别人，对方却不知道感谢；

（2）别人误会自己的好心，反而认为自己多事；

（3）长期压抑自己的需求，得不到满足时；

（4）感受不到别人对自己的爱时；

（5）自己不被人需要时。

当 2 号性格的人面对压力时，有可能会用直接发怒或心里发怒的方式去面对。

在面对工作方面的压力时，会静下来思考解决的办法。

3号成就型人的盲点

当以下情况出现时，3号性格的人可能会觉得有压力：

（1）无所事事，缺乏明确的目标时；

（2）无法达成目标，没有获得自己想要的成就时；

（3）得不到别人的认可与赞赏时；

（4）身边出现妨碍他达成目标的人和事时；

（5）被人批评，不被人接受时。

当3号性格的人面对情绪压力时，有可能会用自我膨胀、发泄或与人对抗的方式去面对。

在工作方面，当压力小时动力会更大，压力很大的时候就可能会放弃。

4号悲情浪漫者的盲点

当以下情况出现时，4号性格的人可能会觉得有压力：

（1）被别人误解时，不被人重视时；

（2）亲密关系出现问题时；

（3）被人拒绝时，无法全然地去爱时；

（4）大量时间社交，缺乏和自己感觉在一起的时间；

（5）被人欺骗时。

当4号性格的人觉得有压力时，会加大个人的私人空间，远离人群，躲在自我的世界里，而且情绪会变得更加吹毛求疵。

5 号理智型人的盲点

当在以下情况出现时，5 号性格的人可能会觉得有压力：

（1）个人生活空间受到侵犯时；

（2）不速之客来访时；

（3）无知或自己认为无知时；

（4）社交活动多，无法阅读及独处时，当参与了太多社交活动，5 号性格的人分享说：“我有一种被耗尽的感觉，想要逃走去独处‘充电’。”

当 5 号性格的人觉得有压力时，会变得活跃，用社交的方式来掩盖自己内心的压力与恐惧。

6 号质疑型人的盲点

当在以下情况出现时，6 号性格的人可能会觉得有压力：

（1）环境混乱无序，无法预知未来时；

（2）环境中存在不安全因素，没有考虑周全时；

（3）对方言行不一致，不兑现承诺时；

（4）决定之前的求证与思考时；

（5）不得已要行动时；

（6）发现被对方欺骗时；

（7）当自己的预期值和现实相差太悬殊时。

当 6 号性格的人觉得有压力时，可能会出现失眠、抑郁、恐惧的情况，会静下来用深思考的方式去反复衡量压力。

7 号活跃型人的盲点

在以下情况出现时，7 号性格的人可能会觉得有压力：

（1）被限制约束时或周围环境太沉闷时；

（2）无法自由活动不得已面对沉闷时；

（3）不得已面对恐惧与痛苦时。

当7号性格的人觉得有压力时，可能会用行为逃避或思想逃避的方式来应对。

8号领袖型人的盲点

在以下情况出现，8号性格的人可能会觉得有压力：

（1）被别人控制时；

（2）自己无法完全做主时，场面失控时；

（3）自己身边的人受到侵犯或不公正待遇时；

（4）别人不真实或者8号这么认为时；

（5）巨大的困难时。

当8号性格的人面对压力时，喜欢用愤怒来表达自己的压力。

9号和平型人的盲点

当以下情况出现时，9号性格的人可能会觉得有压力：

（1）自己所属的群体有人争议时；

（2）看到别人争吵、纷争，自己又无力劝阻时；

（3）手头事务太多，理不出头绪时；

（4）别人大声命令和训斥自己时；

（5）被迫表明自己立场时。

当9号性格的人面对压力，有可能会用麻醉自己或睡觉的方式来应对。

九型的潜能象限

那没有压力的状态，或者说安全状态、情绪高涨的状态下，各类型又会呈现出哪些特点？

有些类型的呈现甚至是跟以往你见到的完全不同的状态。

1号：黑面包公变身幽默段子手

在安全状态下1号要比平时放松很多，甚至会说一些冷笑话；他们不再过分拘泥于刻板的条条框框。

2号：从以他人为中心转到以自我为中心

平时的2号总是在围绕他人转，像一棵绕树而生的藤。但在安全状态下，他们的注意力会从他人那里转向自己，会关注自己的需求，也会主动表达、需求帮助。

3号：由“快”变“稳”

3号是典型的行动派，关注的是目标和成果。在安全状态下，他们的眼界会放得更远。他们既关注目标，也会考虑到可能的风险，行动相比以前要谨慎一些。

4号：我行我素的自我者变身规则的遵守者

平时的4号颇有些遗世独立的韵味，追求独特、与众不同，无论是穿着打扮还是行为方式都与社会主流格格不入。但在安全状态下，他们会遵守既定的规则，呈现恰当的行为模式。

5号：既是思想的巨人，也是行动的执行者

5号很少会将他们的思想在现实世界中呈现出来，认为只要在头脑中想通一件事情就代表自己办得到了。而在安全的状态下，他们会将想法在三维世界里呈现出来，对这个世界有一个贡献，尤其是在他们的专业领域，甚至会有些掌控。

6号：放下警惕

小心谨慎地保护自己，他们经常会觉得自己好累。他们到一个环境觉得很安全时，就会很放松。他们像9号一样，比如看到自己的家人，就不需要那么防卫。

7号：偏于一隅，专注当下

当7号去到安全状态，他们整个人身心都会安静下来。他们会独处，也会将分散的注意力集中到某一件事情上，并认真做完。

8号：走亲民路线

8号平时也会帮人，但是以一个强势的姿态帮人。在安全状态下，他们会很谦卑，很平等地去帮人，发展平等的关系。

9号：一改拖沓，速度开挂

安全状态下的9号一改往日散漫的行事作风，他们会非常地努力上进，工作勤奋、行动力快，甚至看上去比3号工作都更努力、更持久。

九型的隐私象限

张德芬在《遇见未知的自己》里面说到：亲爱的，外面没有别人，只有你自己。

我们在“鄙视”“看不起”“不喜欢”另一个人的时候，其实就是不喜欢自己身上那些不好的特质。

如果呈现在九型人格里面，就是一种类型会看不起另一种类型，而被自己看不起的，往往就是自己受压时所处的状态。

这个理论是自古就有的，如下图，九种性格彼此之间互有连线，这些连线表示类型之间的压力动态变化。

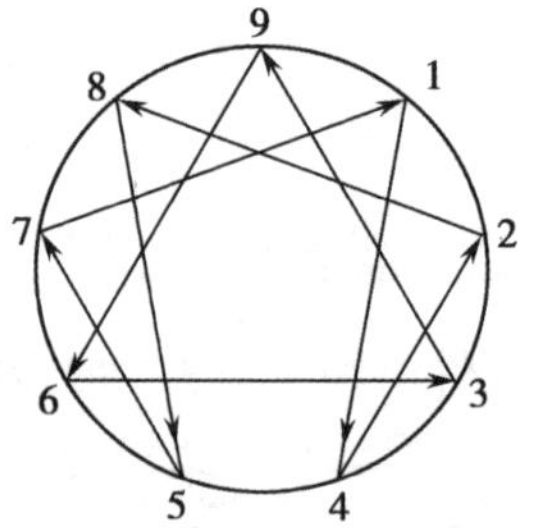

图中的箭头方向，代表各个类型在受压状态下的走向，比如9号在受压状态下，个人状态就会倾向于6号的状态，可以用1→4→2→8→5→7→1；3→9→6→3这两个数列来分析。

那这9种型号在受压的时候，具体是如何变化的呢？

1 号受压，就会呈现 4 号的负面特征

这时候的 1 号，会开始愤世嫉俗，一边想着过奢华的生活，一边不愿意采取行动。

他们会总是带着遗憾，去寻求他人的建议，然后拒绝采纳。开始感受到自己生命的缺失和悲伤，开始破坏或者遗弃现有的生活。

如果长期处于压力之下，1 号会彻底失去自己追求上进的心，遇事反向而行，开始自暴自弃。

4 号受压，就会呈现 2 号的负面特征

这时候的 4 号，就很难再活在自己的理想世界里了，迫于生活的压力开始与人连接。

他们找不到“我是谁”的答案，看不到自己存在的使命和意义，于是开始去迎合世俗。

长期处于压力之下，4 号就会失去自我，表面上会弥漫着一层沉重的忧伤，自己的内心也会变得极其痛苦而挣扎。

2 号受压，就会呈现 8 号的负面特征

这时候的 2 号，他们会感觉到自己受到剥削和压迫，因此会公开表达自己的愤怒，为的是发泄自己长期以来的委屈。他们会开始不择手段地追逐权力和地位，目的是让自己成为一个真正的掌控者。

长期处于压力之下，2 号会变得歇斯底里、不可理喻，全无当初温柔体贴、善解人意的模样。

8 号受压，就会呈现 5 号的负面特征

这时候的 8 号，他们会感觉到自己受到剥削和压迫，因此会公开表达自己的冷漠，为的是发泄自己长期以来的委屈。所以，他们会变得冷静、理性、克制、压抑，甚至离群索居。

处于压力和自我防卫时：走向 5 号，固执倔强，远离人群，以自己的论据去逼人就范。

5 号受压，就会呈现 7 号的负面特征

这时候的 5 号，很难再保持理智和冷静了，会开始变得躁动和不安。他们也不能再专心研究一件事情，转而到外界进行各种尝试，但往往只是流于表面，而找不到他们一直追寻的真理。

处于压力和自我防卫时：靠近 7 号，他们就会变得不切实际，孤芳自赏，常做白日梦而且有点神经质，经常理论多于一切，举棋不定，不肯做出承诺。

7 号受压，就会呈现 1 号的负面特征

这时候的 7 号，很难再保持自由自在、无拘无束的样子，处于压力和自我防卫时靠近 1 号，变得易怒、固执，长期处于压力下 7 号就会失去活力和激情，无法找到真正的乐趣，变得像 1 号一样呆板无趣，甚至教条主义。

3 号受压，就会呈现 9 号的负面特征

这时候的 3 号，会失去自己的目标和动力，开始变得懒散和拖延，做什么事都提不起劲儿。

他们也会开始进行被动而顽固的抵抗，不抗议、不行动，做一些不必要的事情来取代真实的需要。

长期处于压力之下，3 号就会慢慢没激情、没目标、没动力。

9 号受压，就会呈现 6 号的负面特征

这时候的 9 号，会开始失去耐心，开始变得多疑，对周围一切变得警惕。

处于压力和自我防卫时：靠近 6 号，行为变得偏激，多疑过虑，变得更加防守和被动。

6 号受压，就会呈现 3 号的负面特征

这时候的 6 号，会开始失去耐心和细致，变得焦躁不安。所以，看到恐惧和危险，自我保护，不惜牺牲他人的利益，变得急功近利。

处于压力和自我防卫时：靠近 3 号，变成工作狂，反应过敏，轻率鲁莽，为达到目的会不顾一切，缺乏理性。

如何修炼领导力

西方领导力的魅力在于工具化，具有可复制性，人人只要努力就可以达到 80 分。如果要达到 90 分甚至 100 分，则需要东方领导力。东方的哲学文化，都是围绕着人来研究的，需要悟性。

领导力的核心是内心的力量，也就是王阳明所说的对心性的修炼。

领导力工具可以三天学会，但是要学领导者的修为，需要三年，甚至

一生。

两千多年前黄石公传给张良的这本《素书》，他通过此书的谋略与智慧，帮助刘邦成为大汉天子，因此它也被称为中国谋略第一书。

一、什么是《素书》

在古代，夏商时期把文字契刻在龟甲或兽骨上，用于占卜记事，称为甲骨文。

商末有了铭文，把文字刻在青铜器上面，记录当时的重要信息。

而《素书》，是指文字在一块白绢上面的文章。素，指的是未经修饰原本的样子，跟素颜的素一个意义。《素书》相传是黄石公所著，从袖子里拿出一块绢传给张良，就是我们所学的《素书》。

二、《素书》的内容

《素书》通篇有1360个字，围绕着“道、德、仁、义、礼”展开，一共有6个章节。它讲的是宇宙运行的规律，人心、人性，事物发展规律，人与人之间的关系，人与组织之间的关系。

三、《素书》的精华

夫道、德、仁、义、礼，五者一体也。

这里的道德，不是我们日常说的道德。

（一）道者，人之所蹈，使万物不知其所由

道，指的是规律，历史在变，而人性永存，几千年前的人性，跟几千年后的人性没太大差别。洞察人心，洞悉人性，世事洞明皆学问，人情练达即文章。

我们做生意，做企业，永远是跟人打交道，了解人性才能征服人性。

老子说，道可道，非常道。可道看不见，摸不着，但是却有一个温度计，那就是德。

（二）德者，人之所得，使万物各得其所欲

德是什么？自我牺牲，自我奉献？不，这不是德，这是蜡烛。

德的前提是实力，实力不够，善良来凑。

《素书》里面讲的德，是实力 + 担当！世事无常，唯有德者担之！

一个人的格局，不是野心有多大，而是担当有多大。德是体，担当是相。很多成功学家，只是扮演了一种担当的相，实则是挖了一个大大的坑，这个坑就叫欲。

我们不禁要反思一下自己：每个人都有自己的场能，有些人吸引了几十人的场能，而有些人能吸引几万的场能。场能有大有小，但是质量如何呢？我们吸引什么样的人来到我们身边？再深入一点：我们身边的人一般都以什么样的面目展示给我们？我会经常收到粉丝的留言，我被某某给骗了。如果不是你的允许，他又怎会欺骗你？不过是你的欲蒙蔽了你的心智。

中央电视台有句广告语：你的心有多大，你的舞台就有多大。在我们《素书》课堂：你的担当有多大，你的舞台就有多大。

反观我们的生活，心大的人有很多，有担当的人却不多。我们反观自己，在自己的家庭、工作、事业方面，我们担当了多少？

（三）仁者，人之所亲，有慈惠恻隐之心，以遂其生成

仁义之师，仁与义是密不可分的，仁指的是待人的一种品质。成语仁者无敌，仁爱的人心中没有敌人，容得下人和事，包括喜欢的和不喜欢的，承认接纳别人与我不同的地方，不精明，不计较，乃真正的高明。

（四）义者，人之所宜，赏善罚恶，以立功立事

义，更多的是对事的一种品质，赏善罚恶。举项羽的例子来跟同学分享。

项羽只会罚，不会赏，大印在手里磨啊磨，都磨出边了，就是不肯放权，最终兵败如山倒，自刎乌江。论硬件，项羽的出身背景、形象、能力、资源远在刘邦之上，软件就不如刘邦。刘邦总结自己能够打败项羽的根本原因：夫运筹帷幄之中，决胜于千里之外，吾不如子房；镇国家，抚百姓，给馈饷，不绝粮道，吾不如萧何；连百万之众，战必胜，攻必取，吾不如韩信。三者皆人杰也，吾能用之，此吾所以取天下也。

而项羽只有一个范曾，却还不能善用。

仁之法在于爱人，不在爱己。

义之法在于正己，不在正人。

（五）礼者，人之所履，夙兴夜寐，以成人伦之序

礼，中国是礼仪之邦，讲究人伦秩序，我是谁？我能做什么？我不能做什么？

君子有所为，有所不为。

有个老同学悟出了一个道理：无礼就等于无理。

婆媳矛盾，婆婆霸道不讲理，不好相处，自己性格也强，经常发生口角，而老公永远是站在婆婆这一边，久而久之就觉得自己在这个家很孤独。学了《素书》课程，明白了一个礼，婆婆再怎么强势也是自己的长辈，学会克制隐忍自己的情绪，慢慢地，老公和公公都倾向她这边，当她拥有了“盟友”，心就没那么孤独了，自然而然也不想跟婆婆顶撞了，家庭关系也因此和睦起来。

在生活中，我们扮演各种角色，在公司是老板或员工，在家里是妻子或丈夫，媳妇或女婿，不同的角色要求你说不同的话，做不同的事。

作为员工，执下属之礼，在老板做决策之前，有冒死进谏的勇气和决心，在老板决策之后，有义无反顾执行之心。这也是管理学里面提到的向上管理，下级要学会管理自己的上级，我想很多人理解不了，因为上级在布置任务的时候，做决策的时候，他不一定在一线，所以他也许对任务的清晰度都没有你了解，你要学会及时反馈和沟通，而不是吐槽埋怨，之后又演一出事后诸葛亮。

有一首小诗：《人生五章》。

第一天出门，你不小心掉进了一个坑里，你花了很大力气才爬出来。

第二天出门，你又掉进了同一个坑里，你又花了很大力气爬出来。

第三天出门，你还是掉进了同一个坑，这个时间，你才意识到这不是坑的错，是自己的错。

第四天出门，你远远地就看到了坑，并且绕着这个坑走，不让自己掉进去。

第五天出门，你就不再走这条路了，选择另一条道走。

虽然这个故事很简单，细想我们的人生何尝不是如此？几十年的生活习性、固有的模式一直在潜移默化地影响着自己。

学习是为了察觉自己，心理学说看见即等于疗愈。

有一种学习叫：见识广。上知天文，下知地理。

有一种践行叫：修行深。仁者无敌，比天高，比地厚。

践行比学习更有用，这才是学习的精髓，我们要在日复一日的工作中去照见自己的模式，去修正自己的体，当你变成更好的人，更好的事才会在前面等你。

最后，祝福我们自己，在践行的路上，一起成长！

第六章

如何修炼幸福力

引言

托尔斯泰说：幸福的家庭都是相似的，不幸的家庭各有各的不幸。比幸福更重要的是，你拥有了让自己幸福的能力，这种能力是可以通过刻意训练而掌握的。

人从出生那一刻就诞生于团体中，

感受着被关注、欣赏、尊重的快乐，

也经历着被忽视、失败、不被理解的痛苦，

它直接影响你过往和此刻的幸福感。

认识、了解和把握团体中的人际关系

（家庭、亲子、同事、朋友等），

成为每个人事业成功和生活幸福的必需环节，

也是个人发展和心灵成长的必经之路。

从哪里着手呢？

毫无疑问是家庭，

家庭是一个人最初的团体，

也是不断变化、且伴随着人一生的团体，

是一切团体关系之根源和映射。

我非常喜欢尼采的那句话：

It is not a lack of love，but a lack of friendship that makes unhappy marriages.

不幸的婚姻，往往不是缺乏爱情，而是缺乏友情。

最好的亲密关系，应该不只是爱人，还有朋友、伙伴、同学等。

我们每时每刻都生活在社会关系中，你不仅仅会成为自己想要成为的那个人，你所认识的人也会决定你最终会成为什么样的人。

由此引申出来，修行的几种方式。

（1）读书。歌德说过，读一本好书，就是和许多高尚的人谈话。比如读《曾国藩家书》，就是和曾国藩对话；

（2）反思。这是处理和自己的关系。通过复盘自己的所作所为，找到之前的不周之处；

（3）交友。我们都在被他人影响和带动，“麻生蓬中，不扶而直”，“居必择乡，游必就士”，“居必择其邻，交必择其友”；

（4）恋爱。“枕边风”超级厉害，因为那是在我们最放松的时候，由我们最亲近的人说出来的。有一个好的爱人，人生至少会省去一半的麻烦，多一半的幸运；

（5）远离负能量的朋友。我们的时间、精力、感情都是有限的，要用在值得的人身上。

践行，每一刻都算数

九型人格从美国传到中国，至今有二十几年的历史，目前也用于企业管理 MBA 的课程。但这是九型人格最肤浅的认识，九型人格至今有 2500 多年的历史，它呈现出来的是心理学。学习九型人格最大的意义，是探索内在的成长，自我本性的认知。

九型人格提出人都有三种智慧：

本能智慧中心（8 号、9 号、1 号）

感受智慧中心（2号、3号、4号）

思维智慧中心（5号、6号、7号）

本能，是最古老的智慧，生物都有各自的本能智慧，一花一草都有本能，今年的网红动物蝙蝠，也有自己的本能，科学家研究它能够发出超声波。海豹在20公里以外，就能感受到来自其他动物的侵犯。

人类在大自然的进化中，本能智慧相对弱化，相对其他哺乳动物，感受智慧、思维智慧强一些。动物也有感受智慧，猫儿、狗儿也会得心理疾病。

人跟动物最大的区别，人会创造，就是思维智慧。

相传孔子的弟子问孔子："老师，人为什么活着？"

孔子回答：人为参赞天地之化育。意思是：弥补天地的不完美。

几亿年的进化，人类已经成为大自然的主宰，虽然没有那些动物强大的本能智慧，但是人类能够利用聪明才智，控制那些大自然。但是思维智慧太厉害的人，反而会忽略感受智慧以及本能智慧，三种智慧如果不能平衡，生命品质也会打折扣，全球面临的大自然危机，也是人类过度开发、过度消耗带来的代价。

人乃万物之灵，也是一个小宇宙，我们内在的三种智慧，如果不平衡发展，也会影响生命品质，而九型人格的塑造，让我们照见自己的模式，盲区在哪里，我们要往哪个方向去修正。

当年，弘一法师李叔同在杭州的灵隐寺，修禅宗最难的律宗（行走住卧都有讲究），在禅房整整三年，闭门修炼，成为一代圣僧。前半生，翩翩公子，琴棋书画样样精通，放荡不羁爱自由，数风流人物，后半生，常伴青灯古佛研习佛法整理律宗。弘一法师是九型人格里的7号，高境界的7号，他为何选择律宗呢？相传，他先是修的净土宗，后转修律宗，深感前生罪孽深重，用戒律要求自己。7号的核心需求是喜欢自由，自由的前提是自律。

九型人格里面的3号，渴望功成名就，追求名利，用成功来证明自己，最容易贪，贪多，内心的黑洞总觉得不够，房子不够大，车子不够好，存款不够多，穷尽一生编织一张钱网。

4号，最不屑的是3号，天天谈钱，多俗气，追求真实纯粹，我将于茫茫人海中寻访唯一灵魂之伴侣，得之我幸，不得我命。他们编织的是一场情网，追求灵魂伴侣，荣华富贵如过眼云烟，但求一生一世一双人。徐志摩、纳兰容若、三毛、林黛玉，那些英年早逝的才子佳人们，带着无尽的悲情早早离开了这个婆娑世界，他们同样也贪，贪情。

2号也贪，贪爱，他们编织的是一场爱网，为了得到爱，不惜讨好身边的人，全盘投入，自己付出到感动，对方却无动于衷，最容易被别人忽略，也忽略了自己，他们的修行，就是学会多爱一个人，那就是自己。

8号贪权，喜欢控制，贪大，地盘要大，面子要大，事业要大，排场要大，喜欢人家围绕在身边，有些8号经营企业会盲目地扩张，导致资金链断裂，出现崩盘的现象，有些8号在情感方面贪多，三妻四妾，左拥右抱，家里红旗不倒，外面彩旗飘飘。一旦控制不住，就会本能情绪上来发怒。

9号，不贪也不嗔，典型的老好人，什么都能接纳，都能放下，因为从来不拿起，不作为，不担当，总是在逃避，逃避冲突，逃避压力和烦恼，就像蜗牛，一碰到点困难，本能就躲到自己的舒适圈。

7号，他们通常有一颗赤子之心，最能感受人生的苦难，一生都在逃避痛，逃避不开心，今天这个组做，明天那个组做，虎头蛇尾，今朝有酒今朝醉，看似活在当下，实则在逃避当下。

5号，两耳不闻窗外事，活在自己的思维当中，不喜欢感受，屏蔽情绪，喜欢独处，认为理智与理性才是人生该有的轨道。做事，通常合理合法不合情。喜欢学习研究很多知识，想得多，做得少，思想的巨人，行动的矮子，对知识非常贪婪，对时间和空间非常吝啬，害怕被侵犯、被打扰，获得孤高清冷，遗世独立。

6号，内心被恐惧占满，对什么都是先怀疑，只要有10%的不确定性，就不会选择行动，观望、观望再观望，宁可错过，也不要犯错。他们喜欢逻辑分析，试图看全面，结果往往一叶障目看到的全是负面，他们更相信自己，俯视这个世界，6号害怕被骗，眼里都是疑惑和警惕。

1号，有着日本的匠心精神和德国的工匠精神，追求完美，追求细节，既不放过自己，也不放过别人，眼里都是挑剔和不满，但是不像8号那样直接表达，而是压在心里，经常黑着一张脸，无声地惩罚自己，惩罚别人，活得累。

九型人格，每个类型都有它的优点和缺点，心理学有个5A法则：

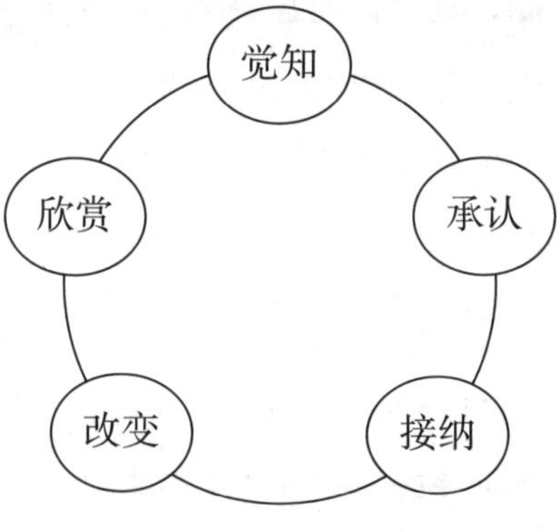

Aware（觉知）；Acknowledgement（承认）；
Accept（接纳）；Action（改变）；Appreciation（欣赏）

这是一个不断精进蜕变的过程。

首先，诚实地面对自己。

九型人格的学习要加强自我观察，学习在心理上回溯，以见证运作中的自我心智。因为，唯有向内观察才能帮助人们揭开人格类型之谜，人格类型其实就是人们所认识的自己。对许多人而言，自我观察还只是一种潜在的能力，然而通过观察心智的习性，它很快就能变成可靠的能力。只有自己才能见证自己思想的细微差别，也只有自己才知道自己的热情何时浮现。

如果你对自己够坦诚，学习完九型人格，你应该能揭开自己人格类型的谜底，从而更深入地了解自己，掌握促进个人成长的方法。

其次，善待自己的人格。

九型人格论的目标不是去征服人格，而是善待它，并利用它的警示，作为唤醒自我的呼声。当你看到自己受困于某种行为模式，并且无力挣脱时，千万别告诉自己这样很不应该，因为你越是和它抗争，它的影响力就越强。不妨冷静地问问自己，为什么你的执着会受到鼓动？你能对它做点什么或是学到些什么？

其实，事情难免出错，无论这个错误如何，都要宽恕自己，因为已经于事无补了，以慈悲心对待自己的人格，然后从中进行学习，完善自己的人格的第一步就是接受自己的人格。

再次，持续不断地自我修炼。

人格的完善和品行的养成绝非短期可以完成的，只有通过持续不断的努力，才能有成效。

学会养成自我观察的习惯，你可以在一天当中刻意停下，对你正在进行、思考和感觉的事情做几次回顾，定期选择一种独处的方式，对自己进行反思。

如果你认真地对待自己的成长，愿意去接纳自我探索的喜悦，进行持续不断地修炼，它所显露的深远真理，就像你心中的明灯，将指引你度过人生的每个阶段。

如果人生可以重来

如果人生可以重来，我们会不会是另一个模样？

也许会，也许不会。

都说性格决定命运。但是性格，除先天因素之外，更多是与他人、环境互动的产物。也就是说，我们会在与周遭的互动中，不断地调整、改变自己的观念、思维甚至性格。如果身处更好的环境，遇到更好的人，我们肯定会拥有更好的人生。

也可能不会。因为任何东西的影响力都是有限的。

也许周遭的环境不足以影响先天注定，也不足以改变原生家庭的创伤。

比如，愤怒、暴躁的性格，往往源于儿时的被忽视和被冷漠对待。需要特别多的包容、温柔，才能抚平这些伤痛。

我在教学的过程中，很多学员会问我：老师，性格可以改变吗？我感觉小时候的性格跟现在完全不一样。

我以专业的角度来回答这个问题：人的性格，是不会改变的。

你若是 3 号，不可能会变成 6 号。

你若是 8 号，也不可能变成 2 号。

随着时间和阅历的积累，会变的是你的健康层次和成熟度，健康层次越高，性格就越完善。

学习九型人格，探索自己的性格模式，看见自己强大的惯性，并不是为了改变性格，我们要做的就是更好地去接纳自己，从而爱上自己的性格，完善自己的人格。

性格的主型是不会变的，自己越执着，类型越明显，若调整得好，就看不出类型。

会变的是一个人的副型。

副型，听起来会让人误以为是九型人格中不太重要的部分，其实不然。副型是了解及应用九型人格系统不可或缺的重要部分。

主型描述我们内在的倾向及性格结构，揭示了我们的性格模式是如何运作的。

副型则更为精确地描述了我们在这个世间会朝向哪里行走，什么对于自己更重要，什么才是生命的意义。

对副型的了解可以帮助我们揭开情绪习性是如何呈现的，如何被释放和再创造的。

副型的类别

副型分为三种，分别是自我保存、一对一、社交。

1. 自我保存

自我保存关于的是我们对物质供给及安全的需求，包含食物、庇护所、温暖及家庭关系。

自保的人无论是哪个类型，都可以描述为温暖，家庭般的温暖，他们希望跟周遭的人有一个温暖的关系。自保的人倾向肩并肩，会一起面对一个活动，比如好好做一顿饭，关注家庭、孩子。

自我保存型的人的关注和需要有如下几方面。

（1）安全感、生存保障

追求并积累保存生活所需的一切资源（如房产、衣服、食品、汽车、存款、知识、人脉、婚姻、孩子等）；为家庭及家人提供物质和照顾。

（2）实干、朴实、节俭

在工作层面注重实际的结果和效益。他们就像老虎、豹、蜘蛛、日本猿等独居动物。他们更看重“我们有能力挣钱”，活在这个社会上的种种能力。自保的人所做的每一件事情背后所追求的点都是“我得到了什么”。

2. 一对一

一对一关于的是我们的性欲、亲密关系、亲近朋友及我们体内的生命活力。

一对一的形容词为热烈。他们的情感更为浓烈，有些时候看他的眼神就能感受到那种浓度。不过，他们要么是很浓烈的连接，要么不连接。

一对一型的人的关注和需要：

依存感 / 情感陪伴；

喜欢和个人建立长远关系；

理解和体谅他人情感需要；

理想化 / 对人的探索感兴趣；

在工作层面注重情感关系及个人感受。

他们对一对一关系的看重和鸟类中的天鹅很像。

一对一把更多的注意力放在一对一对象上。社交的人有很大的包容性，接纳度高；而一对一的人标准就比较多。

3. 社交

社交关于的是我们的归属感、成为团体及更大社群一员的需要。它与我们参与一个有组织的社会架构有关。

社交跟反社交是硬币的两面。社交副型不是你有多少朋友，更准确地说是社交框架的副型，就是我们在这个框架里面的位置。社交副型会喜欢大家围成一个圆圈，可以彼此看得到，确保每个人都有一个位置。

社交型的人的关注和需要；

归属感 / 声望 / 地位 / 话语权；

热衷参与各种社团并承担职务；

热衷参与或组织各种聚会等社交活动；

容易结交建立广泛的人际关系；

在工作层面追求社会意义的责任及使命感。

他们对人群的渴望，就跟蜜蜂、蚂蚁、蓝鲸、羚羊、老鼠、黑猩猩、企鹅等群居性动物一样。

归属感的背后是认同感。每个人都需要得到其他人的认同，但社交的人会把更多的注意力放在这上面。社交的人来到一个团体里面希望被这个团体接纳，他们能够同时关注到很多人的需要，这样便可以得到更多人的认同。

觉察副型需要注意的点

（1）每个人的身上都存在副型的三种基本形式，只是在行为层面各自所占的比例不同罢了。

（2）在应对不同的生活情景时，其中一种副型行为便会变得更为显著。

（3）某些求生存行为是共有的，而非个别性格型号独有的。

（4）三种求生存的行为是有一定的发展顺序的。在成长历程中，自我保护发展得最早（0—1 岁），然后是一对一（1—2 岁），最后便是社交（2—3 岁）。

当你发现自己的副型后，你会发现自己的注意力去到了哪里，生命的能量都耗费在了哪里，而后看到自己的偏执所在。

愿你被世界温柔以待。

如果不能，愿你温柔以待自己，也温柔以待世界。

前路漫漫，带着美好的向往前行，愿我们都能遇到更好的朋友、更好的人生、更好的自己。祝福大家！